AF455324

VIE

DE

MONSIEUR L'ABBÉ

PAUL RENCKER,

PAR L'ABBÉ X.

Vita vestra abscondita est in Deo per Christum. (Votre vie est cachée en Dieu avec Jésus-Christ.)

(Colos. III, 3.)

STRASBOURG,

IMPRIMERIE D'ÉDOUARD HUDER, RUE BRULÉE, 12.

1865.

A MADAME RENCKER.

MADAME,

C'est à vous, tout d'abord, que nous dédions ce petit livre; car les vertus dont nous retraçons ici le tableau sont le fruit d'une éducation chrétienne, et cette éducation chrétienne a été votre œuvre. Ce fils chéri que nous pleurons avec vous, vous l'avez donné trois fois à Dieu : une première fois quand, voyant sa vie menacée, vous l'avez consacré à Marie; ensuite, quand vous l'avez donné à l'Église, à une époque où le monde le réclamait pour lui offrir ses honneurs et ses joies; et enfin vous l'avez donné une dernière fois, quand Dieu le retira de ce lieu d'exil pour récompenser sa vertu.

Ce dernier sacrifice, qui a été la séparation pour la vie, fut aussi le plus douloureux à votre cœur de mère; mais vous avez trouvé la force de la résignation en portant votre regard sur celle qui restera toujours le plus parfait modèle des mères chrétiennes. Marie sentit son cœur transpercé d'un glaive, quand elle vit expirer sur la croix le meilleur et le plus aimé des fils. Vous vous êtes associée courageusement à son martyre en répétant avec elle cette parole : «Qu'il me soit fait comme il plaît au Seigneur.»

Après tous les motifs de consolation que vous avez trouvés dans votre foi et votre piété, nous n'en connaissons pas de plus puissant que le souvenir des vertus de ce cher enfant. C'est ce souvenir que nous avons voulu conserver dans cet essai de biographie.

Permettez, Madame, à celui qui a été l'ami et le confident de votre fils, de vous l'offrir comme faible témoignage de ses sentiments de profond respect.

L'ABBÉ X.

En la fête de Marie, secours des chrétiens, 24 mai 1865.

AVANT-PROPOS.

C'est pour l'édification du clergé et des fidèles de notre religieuse Alsace que nous consacrons ces quelques pages à la mémoire d'un jeune prêtre récemment enlevé par la mort à l'affection de sa famille et de ses amis, à l'estime de tous ceux qui l'ont connu. Les intimes relations que nous avons eues avec lui, la confiance toute filiale dont il nous honorait, nous ont permis de pénétrer jusque dans le sanctuaire de son cœur et de connaître les trésors qu'il renfermait. Il est vrai, la courte carrière qu'il a parcourue n'a rien d'éclatant; elle est remplie par une vertu modeste, mais une vertu d'autant plus réelle qu'elle a constamment cherché à se dérober aux yeux du monde.

Les nombreux amis de l'abbé Rencker, ses anciens élèves, qui ne cesseront de le regretter comme leur père et leur guide, les âmes qu'il a dirigées dans la voie de la perfection, nous sauront gré d'avoir recueilli les principaux traits de cette vie à la fois si pure et si riche en bonnes œuvres. Au jeune lévite qui aspire à la haute dignité du sacerdoce, nous dirons : «Voyez, et faites d'après ce modèle. *(Inspice et fac secundum exemplar.)*» Et si ces pages devaient tomber entre les mains de personnes qui ne connaissent le prêtre que par les calomnies débitées journellement par une presse anti-catholique, nous nous en féliciterions ; car le portrait que nous allons tracer fera peut-être tomber d'injustes préventions, en montrant le prêtre tel que nous le rencontrons presque partout, c'est-à-dire l'homme de Dieu, l'homme du peuple, qui ne vit que pour se dévouer au bonheur de ses semblables.

En écrivant cette notice, nous laisserons parler notre cœur ; nous dirons les choses simplement, sans emphase, sans rien exagérer ; nous puiserons nos renseignements à des sources authentiques. Le plus souvent nous laisserons le pieux abbé se peindre lui-même, dans les correspondances avec ses parents, avec ses amis, dans ses entretiens et les écrits qu'il nous a laissés.

Ce qui donnera un double intérêt à cette biographie, ce sont les rapports d'amitié que le jeune Rencker a eus avec une des gloires de l'Église de France. Pour faire connaître Paul Rencker, nous laisserons souvent parler le Père Lacordaire. On aimera à lire les lettres que le célèbre prédicateur écrivait à son cher Paul, répondant à ses doutes, l'encourageant dans sa vocation, lui donnant de salutaires conseils.

VIE

DE

M. L'ABBÉ PAUL RENCKER.

I.

Enfance de Paul.

Paul Rencker naquit à Strasbourg le 1er janvier 1823. Son père occupait, comme notaire, une position honorable dans la société ; pour donner une idée de la haute piété de sa mère, il suffit de se rappeler qu'elle appartient à une de ces familles où les sentiments religieux se transmettent comme un héritage d'une génération à l'autre. Presque toujours c'est la première éducation, celle que l'enfant reçoit sur les genoux de sa mère, qui décide de son avenir.

Paul avait trois ans quand une maladie grave mit ses jours en danger; sa mère lui sauva la vie en le consacrant à la sainte Vierge. Il est permis de voir dans cet acte de consécration la source des grâces abondantes que Dieu versa dans l'âme de Paul, et le principe de cette tendre dévotion qu'il eut toute sa vie pour l'auguste Reine du Ciel. C'est sous le regard de Marie, devenue sa mère et sa protectrice, que l'enfant grandissait et que les plus heureuses dispositions se développèrent en lui. Son attrait pour la prière, un esprit d'ordre et de minutieuse exactitude, comme on le voit rarement chez un enfant, le plaisir qu'il prenait à déclamer des fragments de sermons qu'il avait entendus, quelque chose de posé et de réfléchi, lui firent donner dans la famille le surnom de *Monsieur l'abbé.* Paul ne s'en offensa pas; il souriait en s'entendant appeler ainsi, et ce sourire semblait dire : «Qui sait, vous pourriez avoir raison.» L'on a toujours remarqué que les vocations réelles et solides se dessinent dès le plus bas âge, dans les habitudes, les goûts et surtout dans les jeux de l'enfant.

Pour faire ses premières études, Paul fut envoyé dans une institution particulière, qu'il fréquenta jusqu'à l'âge de dix ans. Placé ensuite au Lycée de

Strasbourg, il s'y distingua par de brillants succès.

L'enfant unissait à des talents peu ordinaires une application sérieuse. La qualité qu'on remarquera plus tard chez l'homme devenu prêtre, il la possédait déjà comme élève, savoir : une scrupuleuse exactitude dans l'accomplissement de ses devoirs, un constant amour du travail, un esprit de régularité jusque dans les moindres détails. La douceur et l'aménité de son caractère le faisaient autant aimer de ses condisciples que l'austérité de sa vertu et l'innocence de son cœur lui conciliaient leur estime. La réputation que Paul s'était faite sous ce rapport, parmi ses compagnons d'étude, était telle qu'aucun d'entre eux n'aurait jamais osé dire en sa présence la moindre parole déplacée. Un jour, plusieurs de ses camarades, réunis en groupe, tinrent des conversations peu convenables. Paul survint et put encore saisir ces paroles : «Voici Rencker; taisons-nous là-dessus, car il n'y comprendrait rien.» — «C'est vous, reprit-il avec vivacité, qui ne comprenez pas; car si vous compreniez ces choses, vous ne les diriez pas.»

II.

Première Communion de Paul.

La première communion exerce presque toujours une influence décisive sur la vie de l'homme. Paul s'y prépara sérieusement; aussi fut-elle pour lui une source abondante de grâces et le fondement de cette tendre dévotion qu'il a eue toute sa vie pour le Dieu de l'Eucharistie.

A partir de ce jour, son âme, qui se nourrissait fréquemment du pain des anges, se tournait de plus en plus vers Dieu; la tendre fleur du sanctuaire, sous l'action de la grâce, s'épanouissait lentement à l'ombre des autels. L'enfant fréquentait assidûment le catéchisme de persévérance; on remarquait chez lui une sainte avidité de connaître à fond la doctrine catholique; il en écoutait les explications avec une attention soutenue, cherchant à s'éclairer sur les points difficiles et posant des questions au prêtre chargé du cours d'instructions. Aussi les résumés de Paul, d'après le témoignage de M. l'abbé N., étaient-ils rédigés avec beaucoup d'exactitude et de méthode.

Plus la vérité pénétrait dans l'esprit de l'enfant, plus il fut frappé des beautés de la sainte religion, et le futur apôtre brûlait déjà du désir de la faire connaître aux autres.

Mais Paul ne s'appliquait pas seulement à bien connaître la religion ; il s'efforçait surtout de mettre en pratique ses divins enseignements. Sa délicatesse de conscience lui faisait craindre jusqu'à l'ombre du péché, et même par moment elle le jeta dans d'extrêmes perplexités. Cette disposition de l'âme ne le quitta pas sa vie durant. Rien que la pensée du péché le mettait dans un état d'agitation extraordinaire. Dieu sans doute voulut ainsi éprouver le pauvre enfant pour le maintenir dans l'humilité et dans la défiance de soi-même ; heureusement il avait une grande confiance dans le jugement de ses directeurs : il acceptait leurs décisions comme venant de Dieu, et, en s'y soumettant, son âme retrouvait chaque fois le calme et la tranquillité.

Nous ne pouvons ici passer sous silence un trait qui se rattache à cette époque de la vie de Paul, et qui marquera plus clairement la carrière à laquelle Dieu l'appelait. M. l'abbé N. venait d'être nommé curé de Saint-Pierre-le-Jeune. Il entrait dans le programme de l'installation du nouveau pasteur qu'un enfant lui présenterait la clef du tabernacle et le complimenterait au nom de la paroisse. Cette cérémonie devait se passer au pied de l'autel, et l'enfant à qui échut cet honneur fut notre Paul. Il s'acquitta de cette tâche à la grande satisfaction de toute la paroisse, parla avec une assurance et une dignité qui émurent profondément toute l'assistance. Le prédicateur que Dieu appelait à son service s'était révélé.

III.

Paul se prépare au notariat. — Stage à Paris.

Nous sommes en 1840. Paul venait de couronner ses études classiques par le diplôme de bachelier ès-lettres. Il était à un âge où il fallait nécessairement choisir une carrière; la sienne était naturellement tracée. Son père, n'ayant que ce fils, fondait sur lui ses plus belles espérances. Paul, en enfant soumis, respecta les vues d'un père qu'il aimait. Quoique la position qu'on voulait lui faire ne fût nullement conforme à ses goûts, il s'y prépara par des études spéciales.

Dans les années 1842 et 1843, il obtint successivement les grades de bachelier et de licencié en droit, et fut envoyé à Paris chez un notaire, ami de son père, pour commencer son stage. Paris est un gouffre où va s'engloutir bien souvent l'innocence du jeune homme. Un premier danger que rencontra Paul fut la société de quelques jeunes clercs qui travaillaient dans la même étude que lui et qui, affectant des airs de libres-penseurs, ne manquaient pas de lancer de temps à autre des pointes au jeune Rencker, qu'ils voyaient remplir exactement ses devoirs religieux. On sait quelle puissance ce rire moqueur exerce sur le jeune homme : rarement il résiste longtemps, s'il n'a pas été préparé à la lutte par des instructions solides.

Paul connaissait la religion à fond ; doué d'une grande fermeté de caractère, il avait le courage de ses convictions et savait au besoin les exprimer de manière à confondre ses adversaires. Il se rappelait du reste les avis de sa pieuse mère, et la sainte Vierge veillait sur son enfant. Les convictions du jeune Rencker étaient raffermies par la parole puissante des prédicateurs illustres qu'il eut le bonheur d'entendre à Notre-Dame. C'était à l'époque où le Père Lacordaire attirait autour de sa chaire, par le charme de son éloquence, l'élite de la société de Paris. Plus tard ce fut le tour du Père de Ravignan. Paul eut la chance d'entendre ces deux prédicateurs, dont l'un devait bientôt devenir son ami, son conseiller. Il est intéressant de savoir de quelle manière le jeune Rencker appréciait les deux orateurs. «Ces deux hommes sont venus chacun en son temps. Le Père Lacordaire comprit parfaitement son auditoire, composé d'hommes qui, pour la plupart, avaient abandonné toutes les pratiques religieuses et avaient besoin d'être convaincus, par des raisons philosophiques, de la nécessité d'une révélation. Le Père de Ravignan put faire un pas de plus, parler de Jésus-Christ, exposer les dogmes fondamentaux de la religion catholique et arriver ainsi aux conclusions pratiques : le retour aux devoirs religieux. Lacordaire préparait le terrain ; de Ravignan ensemençait et récoltait.»

Le genre du Père de Ravignan convenait mieux à l'esprit positif de Paul. Son cœur, nourri depuis sa tendre enfance des saintes vérités de la foi, donnait la préférence à l'apôtre sur le philosophe chrétien. Paul était parvenu à persuader l'un de ses collègues de l'accompagner au sermon, à Notre-Dame. L'impression que ce jeune homme en rapporta fut telle qu'il n'hésita pas à exprimer sa pensée devant ses camarades. «Allez entendre le Père de Ravignan, leur disait-il, et vous serez convaincus, comme je l'ai été moi-même.»

Paul ne négligea aucune occasion de s'instruire. Il avait entendu parler du cours d'éloquence sacrée que l'abbé Dupanloup donnait à cette époque, avec beaucoup de distinction, à la Sorbonne. C'était une bonne fortune pour le jeune Rencker, qui avait toujours un secret pressentiment des desseins de Dieu sur son avenir. La Providence, de son côté, lui ménageait tous les moyens de se former au ministère de la prédication auquel elle le destinait.

Mais laissons Paul raconter lui-même comment il passait son temps à Paris. La lettre que nous allons transcrire est adressée à sa mère et porte la date du 9 avril 1844. Les sentiments qu'elle exprime font le plus bel éloge du jeune homme. Le futur apôtre se peint lui-même dans le tableau qu'il fait des succès obtenus par le Père de Ravignan à Notre-Dame. Quoique les faits racontés dans cette lettre soient anciens, nos lecteurs entendront avec intérêt notre jeune homme redire les triomphes que la foi remportait à cette époque sur des cœurs qui avaient cessé de croire.

«Paris, 9 avril 1844.

«Dimanche a eu lieu à Notre-Dame la communion générale des hommes; nous étions plus de trois mille; aussi ce spectacle a-t-il été bien imposant et bien beau. M. Desgenettes, curé de Notre-Dame-des-Victoires, a dit le soir en chaire, «qu'un grand exemple «venait d'avoir été donné dans l'église métropolitaine «de Paris : des conversions ont été opérées à cette «occasion; plusieurs hommes, qui étaient venus dans «l'intention d'en rire, ont été touchés par la grâce.» C'était un spectacle bien édifiant que cette immense réunion d'hommes qui remplissaient la nef et qui venaient participer au banquet où M. de Ravignan nous avait conviés. Je vous ai dit, je crois, que ce zélé prédicateur nous a prêché une retraite pendant toute la semaine sainte : cette retraite me laissera un long et précieux souvenir; l'affluence était plus considérable encore que les dimanches précédents. A sept heures et demie on chantait le *Miserere*, après quoi commençait l'instruction. Dire les sollicitations pressantes, les paroles pleines d'onction qui nous ont été adressées, ce n'est pas possible : la grâce divine est descendue à flots, je puis le dire, dans ces âmes si recueillies et si attentives. Tout contribuait au succès de la prédication : ce concours solennel, cette musique sacrée et touchante qui nous prédisposait si bien aux inspirations et à l'action de la grâce, la sympathie profonde qui unissait l'orateur à son auditoire, le chant et la bénédiction qui suivaient le discours, l'influence secrète de cette demi-obscurité, que sais-je enfin? Mais quand j'y songe, et au moment même où je vous écris, je suis encore sous l'influence des impressions profondes et délicieuses que j'ai éprouvées. M. de Ravignan s'est attaché à plusieurs reprises, à exciter les faibles et les timides. Il fallait l'entendre, comme il nous engageait *à arborer le drapeau de notre foi, à proclamer au nom de la liberté et de l'indépendance notre croyance et nos convictions.....*

«Le soir du vendredi et du samedi, ce saint homme était bien fatigué et sa voix avait sensiblement perdu de sa force : il ne pouvait pas en être autrement, si l'on considère que, pendant toute cette semaine, il prêchait encore dans l'après-midi pour les dames. On m'a dit que leur concours n'a pas été moins empressé que celui des hommes. Mais si sa voix était affaiblie, la voix de la persuasion ne l'était pas : le samedi surtout, il a tiré un parti merveilleux de cette admirable parabole de l'*enfant prodigue.* Le vendredi, il a traité un sujet qui vous rend toujours éloquent : il a parlé de la mort. Après la communion, M. de Ravignan nous a adressé quelques paroles encore : il avait alors, comme il l'a fait remarquer d'ailleurs, recouvré toute sa force; ses paroles ont été un chant de triomphe, un hymne de victoire. Dimanche prochain aura lieu, à mon grand regret, la dernière conférence. Encore une fois, je ne puis dire combien cette retraite avait un caractère imposant et solennel par le nombre des assistants ; combien les paroles de l'orateur étaient persuasives, et vous remuaient jusqu'au fond du cœur : non, jamais je n'ai rien éprouvé de semblable; l'abbé N..., à qui j'en ai écrit, pourra vous en dire des nouvelles.

«Ces conférences ont contribué encore à me procurer d'autres avantages. Je suis en voie de faire la connaissance de plusieurs jeunes gens qui s'y sont toujours trouvés comme moi et que je serais enchanté de pouvoir fréquenter de temps en temps; mais pour cela, il faudra que je les retrouve encore quelquefois. C'est ce qui me fait désirer ardemment dc pouvoir prolonger mon séjour à Paris, encore pendant l'hiver prochain. Nous nous retrouverons alors au cercle catholique dont je me ferai recevoir membre. Paris ne me sera réellement profitable et d'autant plus agréable encore, que du moment où j'aurai certaines relations; il est plus difficile de s'en former de bonnes et de solides que de mauvaises. M. N..... me dit avec raison qu'une fois à Strasbourg, j'aurai tout le temps de redevenir Strasbourgeois; du reste, nous verrons jusque-là.

«S'il se trouve dans la capitale une infinité de gens qui ne croient à rien, qui ne suivent aucun culte, qui ne pratiquent et ne professent aucune religion, il en est beaucoup aussi qui ont une foi sincère, ferme et éclairée. Le temps est passé où les sarcasmes et le ridicule eurent le triste privilége de prévaloir sur une foi qui a pour elle l'antiquité, l'universalité, les plus illustres monuments du génie et de la science, l'assentiment des hommes les plus sérieux, les plus éclairés et les plus graves. Le mouvement religieux est bien plus avancé dans la capitale qu'en province, et j'en pressens un des motifs : c'est que la capitale est le foyer des lumières ; or la foi, c'est la lumière même. Il ne s'agit plus de nos jours de rejeter sans examen les questions les plus graves, les plus fécondes en conséquences pour le bonheur des peuples comme des individus : quelques abus inévitables ne justifient pas le dédain ni l'indifférence. Jamais plus qu'aujourd'hui, je n'ai mieux compris l'importance et la dignité d'une étude sérieuse de la doctrine catholique : elle nous donne la solution de toutes les questions qui feront à jamais le désespoir de la philosophie qui prétendrait se suffire à elle-même. Mais je vois que malgré moi j'entre dans des considérations peu propres à faire la matière d'une lettre. Adieu, ma chère mère. »

IV.

Paul revient à Strasbourg. — Entrevue avec le Père Lacordaire. — Il se sent appelé à l'état ecclésiastique.

Après dix-huit mois de séjour à Paris, Paul revint à Strasbourg, aussi bon qu'il en était parti. Il acheva son stage à l'étude de son père. Cependant l'on ne tarda pas à s'apercevoir que le jeune homme concentrait dans son intérieur une pensée que, par un sentiment de délicatesse facile à comprendre, il n'avait encore osé manifester à ses parents. Son esprit, formé à la lecture d'ouvrages sérieux, le portait irrésistiblement à poursuivre le grand but que Dieu lui montrait toujours plus clairement. D'un autre côté, il craignait, en s'en ouvrant à ses parents, de leur faire de la peine. Son cœur si sensible souffrait de cette situation, mais la confiance en Dieu le soutenait. «Si Dieu me veut, disait-il, il saura me trouver et il écartera toutes les difficultés.» Il priait beaucoup, et Dieu, qui voyait les aspirations de son âme si droite, ne tarda pas à lui aplanir la voie. Mais avant de raconter l'événement décisif, suivons une dernière fois Paul dans ses rapports avec le monde.

Malgré la tendance de ses idées, il était on ne peut plus agréable en société. Jeune, distingué dans ses manières, doué d'un jugement droit, d'une imagination vive, versé dans la belle littérature, nul ne savait mieux que lui animer la conversation, y apporter de l'entrain et même de la gaîté.

Voici le portrait qu'en fait un de ses meilleurs amis, qui a toujours été le confident de ses pensées.

«Paul, dans le monde, était bon, simple, confiant, quoique réservé, charitable et zélé. Son bonheur était de se rendre utile, d'exciter la foi et la piété autour de lui, surtout chez ceux qu'il aimait. Il était déjà apôtre. Ami discret, affectueux et dévoué par excellence, il fallait pour lui que l'amitié revêtît un caractère religieux. Il se mêlait au monde, partageait ses joies autant que sa conscience le lui permettait. Il était inflexible sur les principes, mais plein d'indulgence pour les hommes. Esprit cultivé, c'était dans la lecture des œuvres de génie qu'il se retrempait; il y cherchait ses plus douces jouissances, qu'il était heureux ensuite de faire partager à ses amis, leur récitant et leur faisant apprécier les chefs-d'œuvre dont sa mémoire était si bien ornée.»

Paul avait un talent remarquable pour la déclamation. Nous l'avons entendu plusieurs fois réciter des passages de Shakespeare dans le texte original ; car il parlait l'anglais parfaitement bien. En un mot, M. Rencker, outre la fortune qui l'attendait, possédait toutes les qualités qui assurent dans le monde, comme on dit, un plein succès ; mais Dieu avait d'autres vues : il voulait en faire son ministre.

Ce fut en 1846 que le Père Lacordaire vint prêcher la station de carême à Strasbourg. La grande réputation que le célèbre Dominicain s'était faite par l'éclat de sa parole, attira un immense auditoire au pied de sa chaire.

L'orateur avait pris pour sujet de ses conférences la nécessité d'une autorité doctrinale, décidant, d'une manière infaillible et en dernière instance, les questions de foi. Le sujet avait un intérêt local pour Strasbourg, ville mixte ; l'on sait que le protestantisme n'admet d'autre règle de foi que la Bible, interprétée par la raison individuelle.

Paul Rencker, qui avait déjà entendu le Père Lacordaire à Paris, ne manquait aucune de ses conférences ; mais cela ne lui suffisait pas. Il désirait vivement un entretien avec le célèbre conférencier, pour lui confier les secrets de son âme et lui demander un conseil sur la grande affaire qui le préoccupait toujours. L'occasion s'en offrit bientôt. Le front candide du jeune homme, son regard ouvert et confiant où se peignait l'innocence de son cœur, plurent si bien au bon religieux, qu'il le prit en affection, et que, dès ce moment, il se forma entre ces deux âmes des rapports d'amitié qui durèrent jusqu'à la mort de Lacordaire.

Le religieux, avec ce discernement que donne l'expérience dans la conduite des âmes, avait reconnu que l'excellent jeune homme n'était pas fait pour le monde; toutefois la prudence lui imposa de la réserve, et il conseilla à Paul de ne pas prendre une détermination immédiate, mais de prier et d'attendre que la volonté de Dieu se fût manifestée plus clairement. Le Père Lacordaire craignait qu'une résolution prise à la suite des conférences que Paul venait d'entendre, ne fût l'effet d'une exaltation momentanée plutôt que de la réflexion. Il voulait que le jeune homme s'éprouvât plus longtemps encore, et il lui promit aide et conseil dans cette grave affaire.

Pourquoi ne parlerions-nous pas ici d'un fait qui pourra paraître bien insignifiant, mais qui nous montre que Paul préludait déjà au grand sacrifice qu'il devait faire plus tard ? M. Rencker portait, selon la mode des jeunes gens du monde, une moustache dont il prenait grand soin. On connaîtrait mal le cœur du jeune homme, si l'on ignorait combien il tient à ces petits détails de mode. Or, un beau matin, la figure mâle de Paul avait subi une métamorphose: l'impitoyable rasoir, au grand étonnement de la famille, avait passé sur la jolie moustache, couleur d'ébène. Que s'était-il passé? Le voici: la moustache avait été la veille l'objet d'une légère observation de la part du Père Lacordaire. Il avait dit à Paul: «Ne seriez-vous pas tout aussi bien sans cette superfluité?» Lacordaire avait-il un pressentiment? pensait-il que cette noble tête, toute remplie de Dieu, porterait plus dignement la tonsure? L'abbé Rencker aimait à se rappeler plus tard cette anecdote, et il disait en plaisantant: «Quant à moi, je fus pris par la barbe.»

Cependant le célèbre Dominicain quittait Strasbourg, et rien n'était décidé pour la vocation de Paul. Celui-ci, toujours préoccupé de la grande affaire, écrivit à son ami pour lui demander de nouveaux conseils, et il en eut la réponse suivante, empreinte de la plus haute sagesse: «Je suis embarrassé, mon cher ami, pour vous donner un conseil au sujet de votre vocation. Je crains d'abuser, à votre égard, de l'empire que j'ai sur vous par votre amitié, et de suivre un penchant trop naturel en vous disant ma pensée. J'aimerais mieux que vos résolutions sortissent de vous-même, et que vous ne pussiez jamais m'imputer d'avoir agi sur votre vie par une influence trop directe et trop dominante. D'un autre côté, n'est-ce pas mon devoir de vous aider et de vous éclairer, soit comme ami, soit comme chrétien? Il est bien difficile que, seul et sans secours, on puisse lire en soi-même et démêler les secrètes impulsions de Dieu (17 juin 1846).

Six mois s'étaient passés depuis que Paul avait reçu cette lettre. Il se sentait toujours plus attiré vers Dieu; aucune position dans le monde ne répondait à ses goûts. Craignant de résister plus longtemps à la voix qui l'appelait, il se décide enfin et annonce sa détermination à son vénéré ami qui lui répond de Nancy. La lettre qu'on va lire peint si bien le bonheur de la vocation sacerdotale, que nous croyons devoir la transcrire en entier, sans en retrancher un mot.

«Nancy, 27 octobre 1846.

«Mon cher Paul,

«Je pars demain matin pour Paris, et je ne veux pas m'éloigner de vous, sans vous embrasser et vous dire toute ma joie de la certitude où je vous vois enfin parvenu. Je n'y suis, vous le savez, que pour bien peu de chose. Dieu seul a conduit votre cœur et l'a amené à cette maturité spirituelle, nécessaire au dessein qu'il avait sur vous. En vous consacrant à son service, vous quittez de vaines joies que vous n'aimez pas, pour cette consolation intérieure que donnent l'amour de Dieu et la pensée de coopérer à l'œuvre pour laquelle il a donné son sang. Quelle gloire de faire ce que fait Dieu lui-même, ce qu'il a fait en prenant notre corps, ce qu'il a accompli sur la croix, ce qu'il achève tous les jours dans le monde par l'effusion de sa grâce! Sans doute, bien des misères nous arrêtent et nous refroidissent alors même que nous nous sommes donnés à Dieu; mais enfin, le cours de notre vie et de nos actes nous emporte vers lui, et nos fatigues ou nos dégoûts momentanés ne sont que l'apparition dans notre âme de cet ennui terrible que Jésus-Christ lui-même éprouva au jardin des

Oliviers. Tant que nous serons sur cette terre, la douleur nous atteindra par quelque bout ; mais il est bien différent de la ressentir dans une âme vouée à Dieu ou dans une âme encore esclave du monde. A mesure que j'avance, je ressens pour Dieu une reconnaissance plus grande de m'avoir appelé à son service du sein de l'orgueil et de la chair, et je comprends de plus en plus ce mot de saint Paul : *Semper gratias agentes*. Le cœur se fond à la pensée de ce qu'on était, de ce qu'on pouvait rester toujours, et de cette lumière chaste et douce où la grâce vous tient plongé.

« Parmi les joies que nous prépare à tous deux l'obéissance à votre vocation, je ne mets pas au dernier rang le bonheur de vous voir pendant l'hiver à Paris. Ces moments seront courts, nous ne les laisserons pas perdre. Votre visite de Nancy, en me révélant de plus en plus le fond de votre cœur, a confirmé notre amitié, et je ne pense pas que rien puisse désormais l'ébranler. Adieu, mon cher Paul, priez tous les jours pour moi ; demandez à Dieu qu'il me rende humble, doux et pur, et que je vous aime en lui et pour lui. Je vous embrasse tendrement comme je vous aime.

« H. LACORDAIRE. »

Les parents du jeune homme ne pouvaient plus se faire illusion sur ce qui se passait dans son âme ; la vocation de Paul à l'état ecclésiastique ne leur laissait plus le moindre doute : ils auraient craint de manquer au plus saint de leurs devoirs en s'opposant à la volonté divine et en refusant à Dieu le sacrifice qu'il leur demandait, si pénible qu'il fût. Pourquoi, hélas ! ce sage exemple n'est-il pas toujours suivi par les parents, à qui Dieu demande des enfants, pour les attacher à son service ? Il n'y aurait pas, dans le monde, tant de positions forcées et malheureuses. Paul était au comble du bonheur, il sentait le besoin d'épancher son cœur dans celui de l'homme qui jusqu'ici lui avait témoigné tant d'intérêt.

Le Père Lacordaire lui répond de Rome et le félicite cordialement en ces termes :

«27 octobre 1847.

«Mon cher ami, vous avez enfin trouvé la place où Dieu vous appelait de toute éternité. Quelle joie ! Je ne vous donnerai aucun conseil sur votre séjour au Séminaire ; vous êtes une créature si bonne et si raisonnable qu'il n'y a rien à vous dire.

«H. LACORDAIRE.»

Déjà le 1er octobre, Paul annonçait sa détermination à Mgr l'évêque de Strasbourg, et lui exposait les motifs qui lui faisaient choisir le Séminaire de Saint-Sulpice plutôt que celui de Strasbourg. Voici cette lettre:

«Strasbourg, 1er octobre 1847.

«MONSEIGNEUR,

«De longues réflexions, d'instantes prières adressées au Ciel et les conseils de personnes prudentes et graves m'ont convaincu que Dieu daignait, malgré mon indignité, m'appeler à son service.

«Après avoir longtemps résisté à la voix qui me disait de lui obéir, je ne puis m'empêcher de céder à une impulsion devenue dominante.

«Le consentement de mes parents m'est acquis, je n'attends que le vôtre, Monseigneur. Des motifs dont Votre Grandeur se rendra aisément compte, me font désirer de commencer mes études théologiques hors de Strasbourg, loin de ma famille et de mes nombreuses connaissances.

«C'est bien à regret, Monseigneur, que j'irai demander, pour un temps du moins, à un autre diocèse la science sacerdotale que le Séminaire de Strasbourg me dispenserait avec l'éminente distinction qui le caractérise ; mais Votre Grandeur comprendra, je n'en doute pas, la nécessité d'un éloignement dans les circonstances présentes.

«J'ai donc jeté les yeux sur le Séminaire de Saint-Sulpice, et je viens vous prier, Monseigneur, de vouloir bien m'accorder à cet effet les dispenses et recommandations nécessaires.

«Je confie à Votre Grandeur et aux personnes qui pourraient être déléguées par Elle, le secret d'une détermination, dont une partie notable de ma famille elle-même ne sera informée qu'après mon départ, et j'attends humblement et avec confiance le haut assentiment que réclament mon obéissance et mon cœur.

«J'ose espérer, d'ailleurs, que Votre Grandeur daignera accepter plus tard mes faibles services, mon plus grand désir étant de consacrer tout ce que Dieu me donnera de forces et de vie au diocèse de Strasbourg et à son premier Pasteur, qui me sont chers à tant de titres.

«Veuillez agréer, Monseigneur, l'expression de mon parfait dévouement, et l'hommage du profond respect avec lequel je suis, de Votre Grandeur, le très-humble et très-obéissant serviteur,

«Paul Rencker.»

Monseigneur répondit à cette lettre dans les termes les plus bienveillants, félicitant le jeune homme de la grâce que Dieu lui faisait. «J'en ai été, dit Monseigneur, aussi réjoui que peu surpris ; car j'avais toujours en idée que votre pieuse mère finirait par donner un de ses enfants tout à Dieu. C'est peut-être autant à sa vertu qu'à votre vif désir de faire la volonté de Dieu que vous devez votre vocation et la faveur de renoncer au monde... Adieu, mon cher Rencker, bon voyage, que votre bon ange vous guide et que la sainte Vierge vous soit une bonne et vigilante mère ! Mes vœux et ma bénédiction vous accompagnent.»

Ces paroles de Monseigneur étaient accompagnées de lettres de recommandation pour le supérieur de Saint-Sulpice.

V.

Son entrée au Séminaire de Saint-Sulpice.

Le 5 octobre 1847, une scène bien émouvante se passait dans la maison Rencker. Paul s'arracha des bras de sa pieuse mère pour reprendre le chemin de Paris. Son cœur souffrait d'autant plus de cette séparation que M. Rencker père se trouvait, en ce moment, absent de Strasbourg pour affaires et ne put recevoir le baiser d'adieu de son enfant. Par ce sacrifice, qui fut très-pénible à Paul, Dieu lui fit comprendre que la vie qu'il allait embrasser serait une vie d'immolation ; mais son parti était pris, rien ne pouvait plus l'arrêter ; d'un pas résolu et accompagné du seul prêtre qui, jusque-là, avait été son guide, il se dirigea vers la voiture qui devait l'emporter à Paris et le séparer, à tout jamais, des vanités de ce monde.

Un moment avant de quitter Strasbourg, il écrivit à son père :

«Mon cher Père,

«Je pars bien désolé de ne plus vous embrasser. Le bon Dieu, en m'évitant ce pénible adieu, a voulu me ménager une facilité de plus pour suivre la voie qu'il m'a tracée. La cruelle violence à laquelle mon cœur est en proie vous sera, à tous, un nouvel indice bien frappant de ma vocation. C'est aussi pour ménager votre cœur aimant et sensible que Dieu a permis que je partisse sans vous voir. Puissé-je emporter avec moi l'affection de ma chère famille et la vôtre surtout, mon très-cher père ! c'est le dernier vœu de mon cœur.

«Paul.»

Depuis que Paul était entré au Séminaire, il lui semblait qu'il n'avait plus rien à désirer sur cette terre. Une pensée cependant le faisait souffrir : Mon père, se disait-il, ne s'est plus opposé à mes désirs, depuis qu'il a reconnu la volonté de Dieu ; mais ce sacrifice a dû lui être bien pénible, puisque j'ai renversé tous ses projets d'avenir. En fils reconnaissant et dévoué, il essaya de calmer des douleurs si légitimes. La lettre suivante révèle les sentiments de la plus tendre piété filiale ; elle montre en même temps avec quelle grandeur d'âme Paul renonçait à tous les avantages que le monde lui offrait, pour embrasser une vie d'abnégation et de sacrifices.

«Paris, 8 octobre 1847.

«MON CHER PÈRE,

«Il est donc arrivé, le jour solennel où Dieu a prononcé sur ma destinée. Ce n'est pas sans peine que, d'un seul coup, je renverse des espérances si douces au cœur de mes parents; mais la peine que j'en ressens n'est que le contre-coup de la leur; car j'abandonne sans regret une carrière dont la perspective ferait envie à tant d'autres. Quoique ma détermination ait été prévue depuis longtemps, elle ne vous paraissait pas définitive, mon cher père, et vous conserviez toujours encore l'espoir de me voir un jour vous succéder. Sans doute il m'eût été doux de suivre une voie où vous m'auriez précédé si dignement; mais je me sentais poussé vers autre chose et l'impulsion était devenue trop vive, pour que je pusse y résister plus longtemps. Je comprends vos peines, mon cher père, en songeant aux généreux desseins que vous aviez conçus pour mon avenir; mais Dieu en a disposé autrement, soumettons-nous tous à sa volonté. Votre consentement, mon cher père, je le sais, m'était acquis depuis longtemps ; mais il y a loin de la possibilité d'un fait à sa réalisation, et ma détermination paraîtra inexplicable à bien des personnes, et je n'en suis point étonné. Au point de vue purement humain, elle pourrait même sembler ridicule ; mais les jugements du monde ne m'inquiètent pas et je plains bien sincèrement ceux qui pourraient se lamenter sur mon sort La fortune et les jouissances qu'elle procure n'ont jamais excité mon envie et n'auraient pu satisfaire mes désirs. Partout, dans ma vie, j'aurais poursuivi avec inquiétude un bien que le monde m'aurait empêché d'atteindre, et les joies de la famille, joies que je comprends et que je souhaite aux autres, eussent été impuissantes à combler mes vœux. D'ailleurs mes dispositions vous sont connues, mon cher père, et le temps que j'ai mis à me consulter moi-même, à demander à Dieu les lumières dont j'avais besoin, sera pour tous une garantie de la réalité de ma vocation. Les sacrifices qu'elle m'impose et que je fais volontiers, prouvent également que Dieu m'appelle. Ceux qui me perdent (si l'on peut appeler perte une séparation momentanée) ne perdent que moi, tandis que j'abandonne une grande famille et toutes sortes d'affections. Je ne parle pas, bien entendu, des *choses* que j'abandonne, je n'entends parler que des *personnes.* On a pu croire que je tenais singulièrement au luxe et à m'entourer de choses brillantes ; c'est une erreur. Jamais je n'ai attaché mon cœur aux objets sensibles plus qu'ils ne le méritaient. Si donc on devait me plaindre d'embrasser une vie simple, on me plaindrait d'avoir trouvé ce que je désire le plus. Quand on vit dans le monde et qu'on occupe, par sa famille, une certaine position dans la société, il faut en soutenir le rang et l'éclat ; mais vient-on à se tourner d'un autre côté, on abandonne facilement, et même avec joie, les choses auxquelles on paraissait tenir. Je pressens les compensations que je vais trouver dans le saint état que j'embrasse : elles me tiendront lieu de tout.

«Je vous embrasse, mon cher père, ainsi que maman et mes sœurs, avec toute l'effusion dont je suis capable.

«PAUL.»

VI.

Paul séminariste.

Ici notre tâche est facile. Les cartons que l'abbé Rencker a laissés renferment un riche trésor de pieuses réflexions, de saintes pensées, de résolutions qu'il a écrites pendant son séjour au Séminaire et qui révèlent ses sentiments les plus intimes. Nous avons de plus sous les yeux un grand nombre de lettres adressées à sa mère : dans cette correspondance, empreinte de la plus tendre piété, il épanche son cœur avec la confiance et la simplicité d'un enfant. Pour le faire connaître, nous le laisserons donc parler lui-même. On verra le travail progressif de la grâce dans l'âme de Paul et la fidélité avec laquelle il répondait aux mystérieuses influences de l'Esprit-Saint ; on verra quelle haute opinion le pieux séminariste avait de la vocation du prêtre et avec quel soin il s'y préparait, se sanctifiant lui-même, pour être, dans les mains de Dieu, un instrument propre à sanctifier les autres. Dans le monde, on se fait souvent une idée très-fausse d'un séminaire catholique, on ne comprend pas l'importance que l'Eglise attache à cette institution. Qu'on veuille bien lire les pages suivantes et on connaîtra mieux le but et l'utilité de ces maisons de retraite, où le jeune homme est formé longuement, par l'étude et par la méditation, aux rudes et pénibles labeurs de l'apostolat. C'est au Séminaire que l'abbé Rencker a appris à vivre de cette vie intérieure, de cette vie cachée en Dieu, sans laquelle le ministère du prêtre reste nécessairement frappé de stérilité.

Depuis que Paul était entré à Saint-Sulpice, il lui semblait qu'il n'avait plus rien à désirer sur cette terre. Son âme, dégagée des entraves qui la tenaient captive dans le monde, prit librement son essor vers Dieu.

Voici en quels termes il rend compte de ses premières impressions: «Ah! qu'il m'est doux de déposer les vêtements du monde! il me semble qu'en les dépouillant, je laisse avec eux les pensées mondaines, c'est-à-dire l'ambition, les vanités de la fortune et des grandeurs. Non, honneurs, plaisirs, richesses, vous n'êtes plus rien pour moi; je vous dis adieu sans verser une seule larme de regret, vous ne m'apporteriez pas le bonheur. Le bonheur?... Je le goûte dans cette sainte maison depuis huit jours que le bon Dieu m'a permis de l'habiter. Quelle paix! quelle tranquillité dans cette petite chambre solitaire! Tout à l'entour de moi de nombreux serviteurs de Jésus-Christ s'efforçant, comme moi, de tendre à la perfection. Des exercices communs, des prières communes nous réunissent à certaines heures. Notre but est à tous le même : apprendre à connaître Jésus-Christ, à l'aimer et à le servir, afin de mériter la vie éternelle. Qu'est-ce que quelques fatigues de courte durée au prix de la récompense qui nous est promise! *Quod leve et momentaneum,* etc. (2 Cor. IV, 17).

«Aujourd'hui j'ai revêtu la soutane et le surplis; j'ai chanté de bon cœur à la grand'messe et à vêpres. Que le monde me vante encore ses concerts et ses fêtes, je lui répondrai : et moi aussi, j'ai mes fêtes, les fêtes de l'Église, les fêtes de Marie, les fêtes des saints... En revêtant les livrées de Jésus-Christ, je dis adieu au monde, à son faux éclat, à ses joies et à ses fêtes. Qu'il me sera doux, cet hiver, pendant que le monde s'abandonnera à ses plaisirs bruyants, de passer les soirées dans la paix et le calme! L'année dernière encore, je participais à ce faux éclat, je me plongeais dans ce vide, que dis-je? dans ce vide ! Les réunions du monde sont remplies de vanité, d'orgueil, de mensonge. Le venin se glisse, d'une manière imperceptible, jusque dans le cœur, et s'il ne parvient pas à l'empoisonner entièrement, il y laisse du moins des traces funestes. L'esprit de Dieu ne saurait habiter au milieu du monde et la grâce se retire de l'âme qui fuit la solitude. »

Le 20 octobre 1847 il écrivait à sa mère :

« Ma chère Maman,

« ..... Je passe ici les jours les plus heureux, les plus doux et les plus calmes que j'aie connus de ma vie. Une fois que j'eus accepté cet isolement de ma famille et de mes amis et que je me fus résigné à faire taire autour de moi tous les bruits du dehors, j'éprouvai des jouissances d'un ordre nouveau, les plus vraies et les plus pures. Que de pages il faudrait écrire pour rendre compte même imparfaitement de mes impressions et de mon bonheur ! J'ai goûté cette paix dont parle Notre-Seigneur, quand il dit : Je vous laisse ma paix, je vous donne ma paix, non comme le monde la donne — cette paix de Dieu dont parle saint Paul et qui surpasse toute conception humaine. »

Dans une autre lettre il parle du désir qu'il a de recevoir la tonsure :

« La tonsure nous sépare du monde et nous incorpore au clergé ; elle est accompagnée de grâces abondantes, quand on la reçoit avec des dispositions convenables. Il me tarde, je vous en assure, de pouvoir prononcer, entre les mains du Pontife, les belles paroles de la consécration cléricale : « Le Seigneur « est la portion de mon héritage. » L'habit que nous portons a une signification mystique bien profonde que je vous expliquerai quelque jour. Je me trouve bien heureux de pénétrer plus avant dans un monde tout nouveau, où je découvre tous les jours de plus beaux horizons et des lumières sans cesse nouvelles. Ici du moins, entre âmes qui se comprennent, comme on est sûr d'en rencontrer au Séminaire, on peut librement parler de ces choses et l'on n'est pas forcé de dire :

« Mais que sert de parler de ces trésors cachés
« A des cœurs que le Ciel n'a pas encore touchés ! »

Quand un jeune homme apporte au Séminaire de pareilles dispositions, l'on peut prédire avec sûreté qu'il sera un jour un modèle de toutes les vertus sacerdotales et qu'il consolera l'Église par le bien qu'il fera.

Paul avait une qualité précieuse, comme nous l'avons déjà fait remarquer : c'était de procéder en tout avec ordre et méthode, *omnia secundum ordinem.* Fidèle à cette règle, il se traça, dès les premiers jours, un plan de conduite. Il consigna par écrit, pour se les rappeler toujours, quelques résolutions. Nous en recommandons la méditation aux jeunes lévites, comme à toutes les personnes qui aspirent à la perfection.

Résolutions prises pendant la retraite générale, commencée le 11 octobre 1847.

(P. R.)

1° Me dépouiller autant qu'il sera en mon pouvoir de l'esprit du monde, afin de revêtir l'esprit de Dieu.

2° Demander tous les jours à Dieu de me fortifier dans mes résolutions.

3° Accepter avec joie tout ce que la vie de séminaire pourrait me présenter, dans les commencements, de pénible ou de peu conforme aux habitudes anciennes, comme un bienfait du ciel et une occasion de faire pénitence.

4° Observer les avis de mon directeur avec une soumission et une joie sans bornes, voir en lui le représentant de Dieu et le regarder comme un ange du Ciel préposé à tous mes pas.

5º Entreprendre le plus tôt qu'il me sera possible la lecture de l'Ancien Testament et la continuer de suite, du commencement à la fin ; lire tous les jours un chapitre ou quelques versets au moins.

6º Continuer d'apprendre tous les jours par cœur deux versets de saint Paul.

7º M'inspirer souvent de la salutaire pensée de la mort et des fins dernières de l'homme. Méditer à ce propos cette maxime : *Quid prodest homini si mundum universum lucretur, animæ autem suæ detrimentum patiatur?* Et celle-ci : *Unum est necessarium.*

8º Me recommander d'une manière toute spéciale à la protection de la sainte Vierge.

9º Contracter l'habitude de faire toutes mes actions en vue de Dieu et pour Dieu.

10º Regarder chaque mois comme le dernier de ma vie et le commencer sous l'influence de cette pensée.

11º Ne jamais m'abandonner au sommeil sans avoir recommandé mon âme à Dieu.

12º Au moment de la tentation, songer aux fins dernières de l'homme.

13° Penser à la rigueur du jugement, et ne juger la conduite de mon prochain qu'avec la plus grande charité.

14° M'efforcer de rendre toutes mes actions méritoires, afin d'éviter de paraître au tribunal de Dieu les mains vides.

15° Combattre de toutes mes forces la tendance au relâchement et à la tiédeur; rejeter tous les prétextes qui me porteraient à passer légèrement sur tel article du règlement, comme aussi ne pas abandonner les pratiques de piété que j'aurais adoptées d'après l'avis de mon directeur.

16° Faire violence à la paresse si elle venait à me solliciter au moment du lever ou de l'étude, et me rappeler que l'homme est né pour la peine et le travail.

17° Élever ma pensée vers le Ciel dès l'instant du réveil.

18° Lorsque des contrariétés ou des peines viendront m'assaillir, les accepter comme un bienfait de Dieu et songer aux peines de l'enfer; nous devons nous féliciter d'être visités quelquefois par la douleur, afin de nous épargner pour l'autre vie des douleurs sans fin ni mesure. Ici-bas l'acquiescement volontaire aux épreuves de la vie est une source de mérites; mais à la mort, tout est terminé irrévocablement.

19° Faire une étude constante de la vie de notre Seigneur Jésus-Christ, afin d'y conformer la mienne. Arrêter mes yeux sur ce divin modèle, m'inspirer de ses adorables perfections et demander à Dieu de répandre dans mon cœur l'amour de son divin Fils, car l'amour me portera tout naturellement à l'imitation vers laquelle j'aspire.

20° Méditer quelquefois la parabole du jeune homme de l'Évangile : *Vende omnia*, c'est-à-dire dépouille-toi de tes passions, dépouille le vieil homme pour revêtir l'homme nouveau.

21° Méditer les joies infinies du Ciel, lire le chapitre XXI de l'Apocalypse qui décrit la Jérusalem céleste. — Nous ne voyons ici-bas Jésus-Christ que dans un miroir *(per speculum et in ænigmate, tunc autem videbimus eum facie ad faciem, videbimus eum sicuti est)*, nous le verrons dans sa lumière *(videbimus lumen in lumine)*.

22° M'attacher inviolablement à l'observation du règlement, ou n'y déroger que d'après l'avis de mon directeur ; prendre dès à présent la résolution de maintenir dans la suite les articles du règlement qui ont trait à l'Oraison, à l'examen de conscience, etc., et les pratiquer quand je serai prêtre, comme je le fais ici.

23° La fidélité dans les petites choses étant un moyen d'arriver à la perfection, je ne regarderai aucun article du règlement comme peu important ou peu digne d'observation, et je m'attacherai à les remplir tous indistinctement. Considérer d'ailleurs que l'exemple de la fidélité est indispensable dans une communauté et que le relâchement des uns amène le plus souvent celui des autres. Le vœu des fondateurs de cette maison est exprès : il est basé sur l'autorité et sur l'expérience. Les conciles eux-mêmes, témoin le saint concile de Trente, ont attaché la plus haute importance à la fixation et à l'observation des règles dans les communautés, séminaires et maisons religieuses quelconques.

24° Demander à Dieu l'esprit de recueillement et de ferveur; il ne suffit pas, en effet, d'observer la loi de Dieu jusqu'au point où ce serait pécher que de nous en écarter; il faut aspirer à la pratique des conseils et viser plus haut que le strict nécessaire. De même, dans l'observation de la règle, ne pas se contenter de la suivre machinalement et comme par habitude, mais rendre mon obéissance méritoire par l'acquiescement du cœur. Méditer quelquefois l'obéissance de Jésus-Christ, obéissance qui a été poussée jusqu'à la mort *(obediens usque ad mortem, mortem autem crucis)*. Si je m'attache fortement à la pratique de cette vertu, mes actions me deviendront toutes profitables, même les plus indifférentes en apparence.

D'ailleurs, il est si doux et si facile d'obéir quand on aime; je m'attacherai donc à aimer Dieu de toute mon âme, et je verrai ses représentants dans mes supérieurs et surtout dans mon directeur, dont j'accepterai avec bonheur tous les conseils.

Je tâcherai aussi d'entretenir et d'accroître en moi la grâce de la ferveur, que je n'aille pas me relâcher quand la retraite sera terminée. Conservons dans notre âme, comme un précieux trésor, les douces impressions qui l'ont pénétrée, et ne permettons pas qu'elles se dissipent comme une vaine fumée que le vent emporte. Pour cela je me tiendrai dans le recueillement, car le recueillement est comme l'avant-garde de la ferveur.

25° Je vais m'appliquer à invoquer la sainte Vierge Marie comme ma protectrice spéciale; c'est elle qui m'a préparé les voies et m'a conduit dans cette sainte demeure; c'est elle qui veillera sur moi et m'obtiendra de son divin Fils la grâce de la persévérance. Puisse le culte que je vais lui vouer dorénavant être pour moi un signe de prédestination! Puisse cette divine Vierge me défendre et plaider ma cause devant le tribunal du souverain Juge! *O Maria! illos tuos misericordes oculos ad nos converte!*

26° *Qui perseveraverit usque in finem, hic salvus erit,* a dit Notre-Seigneur. Trois motifs doivent me porter à la persévérance : 1° cette retraite, 2° mon séminaire, 3° les grâces dont j'ai été comblé. — Le fruit de ma retraite serait perdu si je ne persévérais pas à m'entretenir dans les pensées et dans les sentiments qu'elle m'a suggérés, si je ne méditais pas sans cesse les importantes vérités qui sont venues porter la conviction dans mon âme et me décider à faire mon salut à tout prix.

Mon séminaire a-t-il un autre but que de me disposer à acquérir les vertus nécessaires au prêtre? Or la vertu n'est pas l'œuvre d'un jour.

Je serai comptable devant Dieu des grâces qui m'ont été communiquées durant cette retraite; pour en conserver et en accroître l'effet, la persévérance est indispensable.

Quant aux moyens de persévérer, il y en a trois principaux : 1° le recueillement, 2° l'examen de nous-mêmes, 3° l'esprit de mortification.

Si mon esprit voltige de côté et d'autre, s'il ne s'attache pas à conserver, comme dans un vase, les pensées et les impressions qui y ont été renfermées, je perdrai tout le fruit de la retraite. Comme Marie conservait et méditait dans son cœur les paroles de son Fils bien-aimé, ainsi je ne permettrai pas aux pensées du monde et de la chair de venir étouffer celles qui m'ont été inspirées dans ces jours de recueillement.

C'est en considérant mes faiblesses, en me les signalant à moi-même comme autant d'ennemis acharnés à ma perte, que j'apprendrai à me mettre en garde contre les assauts du démon, à me vaincre moi-même et à devenir meilleur, car la grâce ne seconde que ceux qui répondent à ses sollicitations.

Le détachement des choses du monde est-il ma vertu? Que j'en suis encore éloigné! Jésus-Christ exige un cœur sans partage, et il ne se donne qu'en raison de l'abandon que nous lui faisons de nous-mêmes. Je me donnerai à vous tout entier, Seigneur. Venez, venez, descendez en moi, prenez possession de mon cœur et dans le temps et pour l'éternité.

Paul au Séminaire se distinguait par sa modestie,

sa douceur, sa piété, surtout par une scrupuleuse exactitude à observer le règlement dans ses moindres détails. Bercé jusque-là dans les douceurs d'une existence aisée, il ne voulut jamais s'accorder le moindre adoucissement, lors même que sa santé, toujours très-délicate, semblait l'y autoriser. A l'exemple du grand Saint dont il portait le nom et dont il étudiait constamment la vie et les épîtres, il s'efforçait de réaliser en lui cette parole : *Quotidie morior* (je meurs tous les jours) ; il s'appliquait à mourir, pour ne plus vivre qu'en Dieu avec Jésus-Christ, et cette application aux choses de Dieu ne diminuait nullement l'aménité de son caractère. C'est un préjugé assez commun chez les personnes du monde de croire que la vie du séminaire, comme celle du couvent, reste inaccessible à la joie, que le rire est inconnu dans ces maisons de retraite, que le cœur en contact avec le Ciel se dessèche et se ferme aux doux épanchements de l'amitié. C'est une erreur. L'amitié ne peut que s'épurer et s'ennoblir quand Dieu en devient le principe. Paul était heureux de recevoir de temps en temps la visite des amis qu'il avait connus et aimés dans le monde, et ceux-ci trouvaient que la vie du séminaire n'avait pas refroidi ses sentiments.

Voici ce que l'un d'eux écrivit à un prêtre de Strasbourg, après une visite qu'il venait de faire au jeune Rencker : «J'ai vu Paul au Séminaire, je l'ai trouvé heureux, bien gai. Son habit lui va, comme s'il était né ainsi ; mais ce qui me plaît surtout, c'est qu'il considère l'austère discipline du Séminaire comme la plus douce des choses. Depuis dix-huit jours que je suis arrivé à Paris, nous nous sommes vus dix fois et aussi librement dans ce populeux parloir que dans nos chambres de Strasbourg. Nous nous y promenons haut et bas, bras dessus, bras dessous, en riant presque tout le temps, jusqu'à ce que la cloche donne le signal de la séparation, tandis qu'à Strasbourg, où, maîtres de notre temps, nous pouvions passer ensemble tant d'heures que nous voulions, notre visage n'exprimait souvent que la tristesse. Ah ! c'est que là, ce pauvre Paul vivait comprimé et s'abreuvait d'inquiétudes touchant sa destinée. Ses idées étaient bien arrêtées ; mais l'affection qu'il portait à ses parents présentait à son imagination toutes sortes d'agitations, de tourments, de luttes pour le moment décisif où il quitterait le monde sans quitter ses parents... Ah ! Paul, devenu prêtre, ne cessera d'aimer ses parents et ses amis. Il sera, j'en ai la conviction, un excellent fils, un excellent frère, un excellent ami, par cela même qu'il sera un excellent prêtre.»

La lettre suivante nous montre comment il comprenait la vie du Séminaire ; elle est adressée à sa mère.

«27 juillet 1847.

«L'ordre exige que les goûts et les désirs particuliers se plient sous une règle générale; mais une fois qu'on s'est attaché à cette règle corps et âme, elle vous devient douce et facile, et la persuasion où l'on est que les moindres actions qu'elle nous commande sont dans l'ordre de la Providence et l'expression de la volonté de Dieu, ne contribue pas peu à vous la faire aimer tous les jours davantage. Lorsque les heures paisibles de la matinée ont été consacrées à la méditation et à la prière, tout le reste de la journée est embaumé d'un suave et délicieux parfum qui suit nos pas et nous réjouit de sa douce odeur. La retraite et le silence invitent Notre-Seigneur à descendre dans l'âme, et pour peu qu'il daigne y établir sa demeure, sa présence est accompagnée de tant de charmes que les vaines préoccupations du monde vous paraissent plus misérables que jamais. Aussi toute notre vie du Séminaire a-telle pour objet de faire de nous des hommes intérieurs, c'est-à-dire des hommes qui ne vivent pas en dehors et qui, au milieu des agitations, des difficultés et des peines du saint ministère, conservent toujours en eux l'esprit et la vie de Jésus-Christ et savent retrouver en eux-mêmes le recueillement de l'âme et l'attrait de la prière.

« L'esprit de Dieu nous pousse vers la solitude; c'est là, dit le Prophète, que Dieu parle au cœur de l'homme, et le monde conspire à nous en tirer. »

VII.

Les Vacances.

L'état de santé de Paul, après dix mois d'une sérieuse application, réclamait le repos. Il voyait arriver les vacances avec plaisir, et dans sa famille on était impatient de le revoir. D'un autre côté, il appréhendait le contact avec le monde. En séminariste prévoyant, il prit ses mesures pour se mettre en garde contre un écueil auquel le temps des grandes féries expose assez souvent la jeunesse, je veux dire l'esprit de dissipation et tout ce qui s'ensuit. Fidèle à la règle qu'il s'était tracée de tout rapporter à Dieu, il ne voulait user des vacances qu'autant que cela était nécessaire pour réparer ses forces. Toujours très-parcimonieux de son temps, il le régla, le distribuant entre l'étude, la prière et les récréations. Il considérait les vacances sous un triple point de vue: 1° comme un temps de repos; 2° comme un temps d'épreuve, et 3° comme un temps d'apostolat. «*a*) Se reposer, écrivait-il, ce n'est pas rester dans l'inaction ou vivre dans une molle indolence. Le but des vacances est seulement de détendre l'esprit et de réparer les forces... Je m'occuperai, d'après cela, de régler mes heures de récréation et de travail. *b*) Mes vacances sont un temps d'épreuve. Je vais me retrouver au milieu du monde et de ses dangers. Ses frivolités pourraient-elles désormais me séduire? Pourrai-je attacher mon cœur à tous ces avantages que j'aurais pu posséder, si j'étais resté dans le monde, mais dont j'ai abdiqué la propriété dans mon cœur? Non, je le sens, ce dépouillement, en dégageant l'âme des affections terrestres, lui donne un essor inconnu vers les choses du Ciel et lui permet de s'unir à Dieu d'une manière plus parfaite; mais il y a un dépouillement, celui de la volonté propre, qui nous rapproche de Dieu plus intimement encore. L'obéissance à mon règlement, l'obéissance à mes parents m'y entretiendront, je l'espère. L'épreuve du côté de la piété, de l'amour de Dieu, mériterait de longues considérations; le temps ne me permet pas de m'y arrêter. J'espère tout de la fidélité à l'Oraison, de la ferveur dans la sainte communion, de l'action de grâces après la sainte communion, de mes visites au très-saint Sacrement, etc. *c)* Enfin les vacances sont un temps d'apostolat, en ce sens que ma vie, mes paroles, mes actions, toute ma conduite doivent témoigner de la sainteté de l'état ecclésiastique, *Christi bonus odor sumus.* Toutefois ce zèle doit être prudent, réservé. Il peut s'exercer partout, dans ma famille, parmi les étrangers, parmi mes amis; mais là où il est le plus facile, c'est parmi les pauvres, auxquels on peut faire l'aumône spirituelle, à l'occasion de l'aumône matérielle. C'est là qu'il est à la fois le plus facile et le plus doux de parler le langage de la foi, *væ mihi, si non evangelizavero.*»

Paul resta fidèle à ces saintes résolutions pendant tout le temps des vacances. Il ne dérogea en rien à ses exercices de piété et fit chaque mois sa retraite, conformément au règlement du Séminaire. Ce dernier exercice servait particulièrement à entretenir l'esprit de ferveur dans notre jeune lévite. Nous en trouvons la preuve dans les réflexions pieuses qu'il a écrites, après sa retraite du mois de septembre. En voici quelques fragments:

«Après dix mois d'une vie de recueillement, je devais craindre de me retrouver au milieu du monde et de ses agitations; aussi n'ai-je cessé de demander à Dieu d'entretenir en moi l'amour de la prière et de me préserver par là des dangers dont j'allais être entouré... En quittant le Séminaire, je me recommandai de toute mon âme à la protection de la très-sainte Vierge et j'ai senti, pendant tout le temps de mon voyage, les effets de sa tendre protection.»

Certes, le pieux séminariste qui veillait ainsi sur lui-même, était un sujet d'édification pour toutes les personnes qui le voyaient. Fidèle à son règlement, il fit de ses vacances un temps d'apostolat. Mais suivons-le de nouveau au Séminaire.

VIII.

Paul reçoit la tonsure.

L'année 1848 fut féconde en événements. Une révolution ensanglante les rues de Paris, un trône est renversé, le Séminaire de Saint-Sulpice en ressent le contre-coup. Les élèves sont dispersés pendant quelques jours, mais bientôt ils sont rassurés et reprennent le chemin de leur paisible demeure. «C'est une épreuve, disait Paul; Dieu veuille qu'elle me soit salutaire. Reprenons nos exercices avec plus de ferveur que jamais.» Le 17 juin de la même année, il dut faire son entrée dans la vie cléricale et prendre le Seigneur pour son partage. Nous trouvons dans ses cartons les réflexions suivantes, écrites peu de jours avant qu'il reçût la tonsure : elles nous feront voir le degré de vertu que Paul avait déjà acquis, en s'appliquant à une parfaite union avec Dieu par le recueillement et le détachement : «Que d'actions de grâces, ô mon Dieu, ne dois-je pas vous rendre de m'avoir tiré du monde et de m'avoir appelé à vous? Depuis bientôt dix-huit mois que j'habite cette maison, il n'est pas de jour, il n'est pas d'heure où vous ne m'ayez comblé de grâces et de bienfaits. Comment ai-je répondu aux saintes influences de la grâce?... C'est au mois de février que j'ai ressenti une forte secousse: il nous a fallu quitter le Séminaire et suspendre nos pieux exercices. Cependant, depuis, le calme se refit peu à peu dans mon intérieur. Je m'appliquai au recueillement intérieur et c'est ce qui m'a rapproché de vous. A mesure que s'établissait en moi le silence de l'âme, je sentais une douce et suave onction pénétrer mon cœur. Tous mes efforts tendront désormais à conserver en moi ce recueillement intérieur. J'ai lu, à ce sujet, des paroles qui m'ont bien touché; c'est le chapitre de l'Imitation: *de amore solitudinis et silentii.* Je me propose de le lire souvent, de l'apprendre par cœur, comme je le fais pour les choses qui ont le don de me toucher. Vous seul, ô mon Dieu, vous savez avec quel bonheur je répète ces belles paroles du 4e livre de l'Imitation, chap. 13: *Quis mihi det, Domine, ut inveniam te solum et aperiam tibi totum cor meum et fruar te sicut desiderat anima mea,* et le reste? Que de fois je me plais à les répéter devant le saint tabernacle, à les repasser encore, à les méditer de plus en plus! Il me semble, en les lisant, que je parle à un ami, *sicut solet dilectus ad dilectum loqui et amicus cum amico conversari.....*

«Vous n'avez pas permis, ô mon Dieu, que je perdisse le goût de la prière; vous m'avez assisté tous les jours dans l'Oraison, et vous m'avez rendu les autres exercices de piété chers et faciles. Ils font le charme de ma vie; grâces vous en soient rendues! Ce goût de la prière, je le sais, n'est pas nécessaire; mais vous l'avez accordé à ma faiblesse. Ce que vous demandez, c'est la fidélité, la générosité.»

Résolutions.

«1. Je n'ai pas le même degré de recueillement qu'au Séminaire : je prends la résolution de me réformer à cet égard. Il me serait facile aussi de faire plus souvent dans la journée des oraisons jaculatoires, inspirées par le sujet de la méditation du matin, par exemple dans la rue, au milieu du monde, etc.

«2. Je ne pratique pas assez la mortification dans mes repas; j'en ferai quelques-unes tous les jours.

«3. Quant à la pratique de l'humilité, j'ai à me tenir en garde contre la vaine complaisance qui résulte des témoignages d'amitié et d'estime. Je ne manquerai pas de rapporter toujours à Dieu les marques de respect que m'attire l'habit que j'ai le bonheur de porter.

«4. Je m'appliquerai aussi à faire les œuvres de charité qu'une sage discrétion me permettra de pratiquer, etc.

«Et pendant le cours de cette retraite, quelles douces, quelles intimes communications le recueillement ne m'a-t-il pas values! Oh oui, je veux y persévérer, je veux m'y établir; il me semble avoir sans cesse Jésus-Christ à mes côtés : il me parle, il me dit des choses bien douces, que je n'oublierai de ma vie. Qu'est-ce donc qu'il me dit, ce tendre Sauveur? Il me dit entre autres choses de pratiquer l'obéissance avec joie, avec empressement, *amans currit, volat et lœtatur;* il me dit d'aimer le silence et le recueillement, et surtout de n'aimer que *Dieu seul.* Ah! c'est là ce qu'il ne cesse de me répéter : il m'assure que me dégager des affections terrestres, c'est m'assurer la paix et le contentement de l'âme, et j'en ai fait plus d'une fois la douce expérience. Aussi, au jour solennel de ma tonsure, je me jetterai tout entier dans ses bras, afin qu'il me prenne et qu'il me serre contre son cœur. C'est vous, ô Marie, qui me conduirez par la main, jusqu'aux pieds de votre divin Fils ; c'est vous qui prononcerez les paroles de ma consécration cléricale : *Dominus pars hæreditatis meæ et calicis mei*, etc., afin que, les répétant après vous ou plutôt avec vous, je les dise du fond du cœur, avec une résolution sincère de me consacrer tout entier au service de votre divin Fils. Que me seront désormais les faux biens de ce monde, que me seront ses plaisirs, ses fêtes, ses agitations continuelles, ses vaines préoccupations ? Je ne veux plus aimer que Dieu seul, user des choses de ce monde comme n'en usant pas, regarder toutes choses comme de la boue, pour gagner Jésus-Christ. Ma résolution, c'est de me *détacher* des choses d'ici-bas ; c'est de tendre avec la grâce de Dieu, à la pureté de cœur la plus parfaite qu'il me sera possible.

«Je ne parle pas de l'humilité qui fait l'objet de mon examen particulier de chaque jour. Je demanderai encore à Dieu de me donner le zèle des âmes, l'amour du sacrifice et de la prière, l'amour de la mortification et de la croix. Ce qui me frappe surtout dans la mission du prêtre, c'est cette qualité d'intercesseur que l'Église lui confie. N'est-ce pas en effet dans l'intercession que se résument toutes les obligations du prêtre ? Jésus-Christ est notre médiateur, il intercède continuellement pour nous, *semper vivus ad interpellandum pro nobis.* Or, le prêtre doit continuer la mission de Jésus-Christ sur la terre et attirer sur les peuples les bénédictions de Dieu. Puissé-je, dès à présent, par la récitation pieuse et attentive du petit office, me disposer à m'acquitter un jour dignement de l'obligation du bréviaire ! Qu'il est beau de pouvoir s'entretenir avec Dieu, en répétant les paroles brûlantes d'amour qui s'échappaient du cœur du saint roi David, de méditer avec les Pères de l'Église les mystères du christianisme, de s'édifier par l'exemple des saints et de se dire que cette prière est la prière publique, qu'en la faisant, nous agissons comme ayant mission spéciale de l'Église et que, par toute la terre, les prêtres de Jésus-Christ prononcent de communes louanges à la gloire de Dieu !

«Et qui me donnera le zèle du salut des âmes, sinon celui qui a tant aimé les âmes et qui les a achetées au prix de son précieux sang ? Dès maintenant, je prierai pour celles qui me seront confiées un jour, afin que le Seigneur daigne établir par avance entre elles et moi une secrète correspondance ; de cette manière les âmes que j'aurai mission de diriger seront plus sensibles aux impressions que je tâcherai de leur communiquer avec le secours de la grâce et elles me seront d'autant plus chères que je les aurai aimées davantage avant de les connaître.»

A la suite de ces pieuses réflexions, nous lisons ces lignes: «C'est aujourd'hui (samedi 17 juin) que j'ai eu le bonheur de prendre le Seigneur pour la portion de mon héritage; j'ai reçu l'habit clérical des mains de Mgr l'évêque de Quimper.»

Après les mémorables journées de juin, il écrit à sa mère et demande que l'on prie pour la France et qu'on fasse des amendes honorables. Après avoir raconté les événements, il continue ainsi:

«Ne vous inquiétez nullement pour nous, chère maman, nous sommes parfaitement tranquilles. Nous restons dans la maison et nous n'allons pas à l'église de la paroisse. Je crois même que les églises sont fermées, puisqu'on n'entend plus le son des cloches. Un morne silence a succédé à l'agitation.

«Les fêtes et les processions du saint Sacrement sont changées en supplications de douleur et de pénitence; car comment ne pas gémir en voyant un si grand nombre d'infortunés mourir sans préparation, sans avoir peut-être songé à Dieu. Le dépérissement de la foi est bien grand. Il y a néanmoins encore des hommes qui songent à leur salut. Un de nos professeurs rencontrait avant-hier un garde national qui, dans la rue, lui demanda de lui indiquer un prêtre pour lui faire sa confession ; bien entendu que cet ecclésiastique lui offrit ses services et le conduisit au Séminaire pour recevoir sa confession.

«De ferventes prières doivent être adressées au Ciel pour le salut de la France; les âmes pieuses doivent plus que jamais répandre leurs supplications devant le Seigneur, surtout dans ces jours (l'octave de la Fête-Dieu) consacrés à réparer les outrages qu'il reçoit dans le saint Sacrement de la part des impies. Les prêtres du Seigneur ne manqueront pas de redoubler d'instances. Il m'est venu, à cet égard, une pensée que je vais vous soumettre, bien désireux que je suis d'en voir la réalisation : je voudrais que d'accord avec un certain nombre de personnes pieuses, le plus grand nombre que vous pourrez trouver, l'on fît dans une église de votre choix l'adoration du saint Sacrement, dans le but d'implorer le Ciel pour le Souverain-Pontife, pour l'Église et la France; on prierait aussi pour les personnes qui ont péri dans ces malheureuses journées. Il serait à désirer que cette adoration durât au moins trois jours.»

Suivent des conseils pour organiser cette association.

«Il m'a toujours semblé qu'on obtiendrait des grâces abondantes dans ces visites solitaires faites à Notre-Seigneur, dans les moments surtout où il est le plus abandonné et le plus méconnu. Pressé qu'il est de nous communiquer ses faveurs, il nous les dispense avec d'autant moins de mesure que ses autels sont plus délaissés par des hommes ingrats et oublieux de ses bienfaits.» (25 juin 1848.)

Le 9 juillet il raconte les magnifiques obsèques de Mgr Affre et il termine sa lettre par ces mots :

«Nous avons assisté au service des victimes sur la place de la Concorde. Quel triomphe au milieu de ce deuil! il fallait une révolution pour qu'on vît le saint sacrifice de la messe célébré en pleine place de la Concorde, en face des Tuileries, devant l'Obélisque, c'est-à-dire à l'endroit même où Louis XVI avait été immolé un demi-siècle auparavant.»

Le 5 novembre 1848, il annonce à sa mère qu'il est appelé à recevoir les ordres mineurs à Noël, et après s'être recommandé à ses prières et à celles de toute sa famille, pour recevoir les grâces attachées à ces saints ordres, il dit :

«La grande lutte à soutenir aujourd'hui, c'est celle du dévouement contre l'égoïsme qui a fait invasion partout.... Le dévouement du prêtre est la prédication vivante qui triomphe de tous les obstacles. Si jamais la sainteté fut nécessaire au prêtre, c'est surtout aujourd'hui, où elle doit luire d'un nouvel éclat; or, quand je considère le peu de temps que j'ai à passer au Séminaire et tout ce qui me reste à acquérir du côté de la science et de la vertu, je sens que d'abondantes et généreuses prières me sont nécessaires; je les sollicite donc de rechef et je compte sur vous, ma chère maman, pour les demander aux âmes charitables.»

IX.

Paul reçoit le sous-diaconat.

Le moment est enfin arrivé, où il doit faire le pas décisif et recevoir le sous-diaconat. Son cœur surabonde de joie à la pensée d'être bientôt tout à Dieu; mais son humilité hésite, il se croit indigne d'une telle faveur ; il interroge le Père Lacordaire, qui se hâte de l'encourager. Cette lettre porte la date du 20 avril 1849.

« MON CHER AMI,

« .....Vous avez dans l'âme tout ce qu'il faut pour devenir un prêtre pieux, bon, dévoué, capable de faire beaucoup de bien dans l'Église de Dieu. J'ai toujours cru que vous étiez prédestiné à cette vocation, et l'un de mes plus doux souvenirs apostoliques est d'avoir été choisi de Dieu pour vous y faire penser. Allez donc en avant avec confiance; consacrez-vous tout entier et irrévocablement à l'œuvre de la rédemption des hommes.....

«F. L.»

Paul était tout pénétré de l'importance de l'acte qu'il allait accomplir. Pour l'édification de nos lecteurs, nous allons mettre sous leurs yeux quelques-unes des réflexions écrites pendant la retraite qui précéda l'ordination :

«C'est aujourd'hui (16 décembre 1849) que je puis dire en vérité: *Dominus prope est.* Oui, le Seigneur est proche ; encore quelques jours et j'aurai le bonheur de contracter envers le Ciel un engagement irrévocable. Déjà, vous le savez, Seigneur, je vous appartiens du fond de mon cœur ; déjà, j'en ai la douce confiance, je suis tout vôtre; mais le pacte n'est pas encore signé; encore quelques jours et j'aurai pris pour épouse la sainte Église, et tous les jours je prononcerai vos louanges et je commencerai cette série non interrompue d'actions de grâces qui devra se continuer dans les cieux pendant toute l'éternité. Qu'elle retentisse donc dans mon âme, la voix du céleste précurseur: *Parate vias Domini.* Mais qui m'aidera dans un travail si fort au-dessus de mes forces? C'est votre grâce, ô mon Dieu, *gratia mea prœveniet te.* Oui, comme le grand apôtre, je dirai : *Cum infirmor, tunc potens sum.*

«Je vais m'appliquer, dès maintenant, à connaître toute l'étendue de mes futures obligations, toute la portée de mes sacrifices. *Iterum atque iterum considerare debetis attente,* me dira le vénéré Pontife, *quod onus hodie ultra appetitis.* Ah! Esprit-Saint, donnez-moi l'intelligence de ces graves avertissements, non pas cette intelligence froide qui ne voit les choses qu'à leur surface, mais l'intelligence du cœur, afin que dès aujourd'hui, sondant toute la profondeur de mes devoirs, mes yeux ne soient pas trop surpris devant la réalité, que mon courage ne soit pas trouvé en défaut, ni mon amour trop faible, ni ma volonté trop chancelante, ni ma confiance trop hésitante. Non, non, je n'hésiterai pas. Dans ces jours précieux de recueillement, où vous vous plaisez, ô mon Dieu, à répandre dans mon âme les lumières de votre divin Esprit, vous me donnerez de comprendre le fardeau que je vais accepter. C'est un fardeau sans doute ; mais ce qui me rassure, c'est votre parole, Seigneur ; car vous m'assurez que «votre joug «est doux et que votre fardeau est léger.» Confiant en votre grâce, j'accepte ce fardeau ; je l'accepte librement, *ultro,* de mon plein gré et avec joie : *amans volat currit et lœtatur, liber est et non tenetur.* Non, rien n'est plus à moi, tout est à vous, Seigneur! *jam non estis vestri.* Ma volonté, je la résigne entre les mains de mon évêque. Que ne puis-je, ô mon Dieu, en faire un abandon complet!

«Mais continuons à méditer les avertissements que l'évêque va nous adresser le jour de l'ordination. *Hactenus enim liberi estis, licetque vobis pro arbitrio ad sæcularia vota transire.* Oui, je le sais, cette liberté, je l'ai; mais que le Ciel me préserve d'en réclamer les droits!

«N'était-ce pas du fond de mon cœur, dans toute la sincérité de mon âme, qu'au jour de ma profession cléricale j'ai dit adieu au monde? *Dominus pars hæreditatis meæ.* C'est vous seul, ô mon Dieu, qui serez encore mon partage; mais donnez-moi, Seigneur, un mépris plus souverain de ces faux biens, tels que l'estime des hommes, l'honneur et l'affection du monde. Ne réservez ces avantages qu'à ce caractère sacré dont je dois être marqué un jour; afin qu'en l'honorant en moi-même, je le fasse honorer parmi les hommes, le tout pour votre gloire. *Si dederit homo omnem substantiam suam, adhuc nihil est.. .. et si habuerit virtutem magnam et devotionem nimis ardentem, adhuc multum sibi deest.....*

quid illud? ut omnibus relictis, se relinquat et a se totaliter exeat, nihilque de privato amore retineat (Im. II, 11).»

Suivent quelques résolutions. Nous transcrivons celles qui concernent la récitation du bréviaire :

«Je demanderai tous ces jours-ci à Dieu l'esprit de prière, cet esprit qui animait les saints, qui anime l'Église et toutes les âmes pieuses. Donnez-moi, ô mon Dieu, cet esprit de prière. De moi-même je ne sais pas prier, je ne sais pas même dire: «mon père» ; mais c'est vous qui demanderez en moi, ô divin Esprit, «par des gémissements inénarrables.» Faites-moi donc, je vous en supplie, ô mon Dieu, entrer dans cet esprit de prière qui anime les saints dans le Ciel, la sainte Église sur la terre, et l'Église souffrante elle-même. Quand je prendrai mon bréviaire, rappelez à mon esprit les pensées de la foi : faites-lui voir le saint roi David, les saints patriarches, les prophètes, les justes de l'ancienne loi, les saints apôtres, les martyrs, les confesseurs, les saints docteurs, les saints prêtres, tant de saintes âmes vivant en religion, ignorées du monde. Qu'unie à tous ces saints, à l'Église universelle, mon âme, dégagée des pensées de ce monde, s'élève à vous, Seigneur, *sursum corda*. C'est le cri de l'Eglise que j'entends chaque jour, et je répondrai avec mes frères : *Habemus ad Dominum. Gratias agamus Domino Deo nostro* — et nous répondrons : *dignum et justum est.* Voilà les pensées dont je vais me pénétrer de plus en plus, afin que d'un coup d'œil rapide j'entre tout aussitôt dans le recueillement et l'esprit de foi nécessaires pour bien dire le saint office.

«Je m'unirai aussi à vous, ô Marie, modèle incomparable de la religion la plus parfaite et la plus pure. Avant de commencer la récitation du bréviaire, me retirant avec vous en esprit dans le temple, je vous demanderai de participer à ce recueillement dont vous étiez pénétrée, à cette foi vive qui animait vos actions et vos prières, à cette humilité profonde qui vous faisait renoncer à vos pensées, à vos désirs, pour ne plus attendre que l'accomplissement des desseins de la divine Providence.

«Selon les besoins du moment, mon âme trouvera dans la récitation de l'office de quoi s'instruire et se fortifier. Quand je serai porté à cette joie spirituelle, à cette paix du cœur, fruit des salutaires influences de la grâce, j'y serai confirmé par la récitation de l'office : *Gaudete, iterum dico, gaudete.* Le trouble et la tristesse se seront-ils emparés de mon âme, il me sera facile de m'unir à la tristesse de

Notre-Seigneur, dans son agonie au jardin des Oliviers. Désormais les pensées inspirées du saint psalmiste seront mon guide et ma force, l'aliment de mon âme, le soutien de ma faiblesse. Quand il s'agira de produire des sentiments de contrition — quel puissant secours, ô mon Dieu ! — Comment vous exprimer ma reconnaissance ! — Aujourd'hui que mon cœur déborde, je ne sais rien dire de moi-même, que sera-ce lorsque mon cœur sera froid et languissant ? Mais ne t'afflige pas, mon âme ! tu auras désormais un secours assuré : sept fois le jour, je chanterai les louanges du Seigneur, et cela toute ma vie ! O délicieux avant-goût de la félicité céleste ! Que font les bienheureux au Ciel, si ce n'est qu'ils chantent un éternel Alleluia ? Saint, saint, saint est le Seigneur, le Dieu des armées, le Ciel et la terre sont pleins de sa gloire ! »

Après l'ordination, Paul sous-diacre épanche son cœur devant le Seigneur en ces termes : « Le sacrifice est consommé, Seigneur ; vous avez agréé la victime ; transformez-la, sanctifiez-la de plus en plus. *Tibi sacrificabo hostiam laudis et nomen Domini invocabo. Benedic anima mea Domino et omnia quæ intra me sunt nomini sancto ejus*, etc. Il me faudrait les accents du saint roi David pour exprimer la reconnaissance qui remplit mon cœur. Comment vous la témoigner? *Quid retribuam Domino*, etc.

« Je renouvelle ici toutes mes résolutions de retraite du commencement de l'année, les mettant sous votre protection, ô Marie! *Sancta Maria, virgo fidelis, ora pro nobis.* »

Le jour de Noël il annonce son bonheur à ses parents.

« C'en est donc fait, je suis à tout jamais consacré au Seigneur ; il est enfin venu, ce jour tant désiré, le plus beau de ma vie, si j'en excepte celui où je recevrai le caractère sacerdotal. Vous dire la joie, la reconnaissance, l'étonnement dont mon âme est pénétrée, serait chose impossible. Dieu seul peut apprécier les sentiments qui me pénètrent et dont j'ai peine à me rendre compte moi-même. Aujourd'hui je puis me dire en toute vérité : *Le Seigneur a fait en moi de grandes choses.* Je voudrais pouvoir faire entendre à tous cette parole si douce et si consolante : Voyez et goûtez combien le Seigneur est doux. Chargé désormais du grand et solennel devoir de la prière publique, je vais, dans l'accomplissement de cette douce obligation, prier Dieu de répandre sur vous l'abondance de ses bénédictions. »

X.

Paul reçoit le diaconat. — Il est ordonné prêtre.

Il se prépara au diaconat avec le même soin qu'à l'ordination précédente; il eut, toute sa vie, une haute vénération pour la liturgie catholique. Il aimait à se pénétrer des devoirs du diacre et du prêtre en méditant les paroles pleines d'onction que l'évêque adresse aux ordinands, le jour qu'il les introduit dans le sanctuaire.

Voici quelques réflexions que lui suggérèrent ces mêmes paroles :

«Après la grâce de ma dernière ordination, que me reste-t-il à faire, sinon de considérer attentivement les devoirs qu'elle m'impose? En acceptant le diaconat, j'ai accepté un nouveau fardeau, *onus diaconii;* mais j'ai reçu en même temps la force de le porter. Tous mes efforts tendront par conséquent à me montrer digne de l'insigne honneur dont j'ai été revêtu. *Provehendi, filii dilectissimi, ad Leviticum ordinem, cogitate magnopere ad quantum gradum Ecclesiæ ascendistis.*

Pour résumer en deux mots toute la mesure de mes devoirs, je n'ai qu'à me rappeler cet avertissement du Pontife : *Ecclesiam Dei, veluti tabernaculum, portare et munire debetis ornatu sancto, prædicatu divino, exemplo perfecto.* L'exemple, voilà quelle doit être ma prédication au Séminaire maintenant et plus tard dans le monde.»

Suivent quelques résolutions.

Le 16 mai 1850 il écrit à sa mère :

«C'est samedi soir, après la prière, que j'entre en retraite pour l'ordination. Je vais être revêtu d'une éminente dignité qui confère à ceux qui la reçoivent une participation abondante aux dons du Saint-Esprit. L'évêque, en imposant la main au diacre, lui confère l'esprit de force, cet esprit qui animait saint Étienne et saint Laurent, tous deux diacres et martyrs. Aussi n'ai-je rien de plus pressé que de me recommander instamment aux personnes qui veulent bien penser aux ordinands, durant ces beaux jours de Pentecôte. Quelle joie de commencer une retraite en union avec les saints apôtres réunis dans le cénacle pour y attendre la venue du Saint-

Esprit ! Quelles grâces d'union, de douceur et de paix !..... L'ordination se fera à Notre-Dame ; je ne me doutais pas en 1844, alors que j'assistais aux conférences du Père de Ravignan, que dix ans plus tard j'y recevrais, dans cette même enceinte, l'imposition des mains de l'évêque pour le diaconat.»

Quelques jours plus tard, il annonça à sa mère son bonheur en ces termes :

«Me voilà diacre de la sainte Église, dignité éminente sans doute; mais aussi que d'obligations, que de vertus en doivent être la suite et l'ornement nécessaire ! Plus que jamais j'ai besoin des prières des autres. La cérémonie eut lieu à Notre-Dame, et je me trouvai à une quinzaine de pas de la place que j'occupais autrefois quand j'assistais aux conférences du Carême et de l'Avent. J'ai pu reconnaître en cette solennelle circonstance de ma vie, que la sainte Vierge m'avait pour ainsi dire conduit par la main à travers les diverses phases par où j'ai passé, et mon cœur se répandait en sentiments de la plus douce reconnaissance.»

Enfin le jour tant désiré approche où tous les vœux de l'abbé Rencker vont être comblés. Il fait part à son vénéré ami, le Père Lacordaire, de sa prochaine promotion au sacerdoce. Celui-ci partage son bonheur et lui écrit, le 10 juin 1851 : «Votre lettre m'apprend l'heureux événement de votre prochaine ordination. Je ne sais s'il est vrai que j'ai contribué à vous faire prendre cette route ; je crois que Dieu, sa grâce et votre âme ont tout fait; mais si j'y suis réellement pour quelque chose, c'est une grande consolation pour moi. Je suis sûr que vous ferez beaucoup de bien dans l'Eglise. Votre ordination sera donc un beau jour de ma vie.» Nous verrons plus tard si le bon religieux s'est trompé en prédisant le bien que son ami ferait, une fois promu au sacerdoce.

L'abbé Rencker mesurait la grandeur et le bonheur du prêtre par le saint ministère de l'autel. Nous verrons plus tard que c'est dans son union avec le Dieu eucharistique qu'il puisait cette prodigieuse activité, ce zèle ardent qui le consumait pour la gloire de Notre-Seigneur et le salut des âmes. Ecoutons avec quels transports de joie il parle de la grâce qu'il aura prochainement de célébrer pour la première fois l'auguste sacrifice : «Dans quatre jours je vais avoir le bonheur de monter au saint autel. Quel bonheur pour moi de faire descendre, pour la première fois de ma vie, la sainte et adorable victime sur l'autel, et ce sera le jour même où l'Église célèbre la fête du saint Sacrement! Ici encore, je reconnais une fois de plus que le Seigneur se plaît à venir au-devant de ceux qui le cherchent. Alors que vous recherchiez mon âme, ô mon Dieu, dans un temps où je n'avais pas encore le bonheur d'habiter cette maison, vous me donniez un ardent désir de vous visiter dans vos églises; j'aimais à répandre mon âme devant vos saints tabernacles. C'était comme un avant-goût de la consolation qui m'était réservée pour un temps plus éloigné. C'était vous, ô Marie, qui guidiez mes pas vers le pieux asile où j'ai coulé des jours si heureux; grâces vous en soient rendues! Que jamais je n'oublie les pieux enseignements que j'y ai reçus! Je vous en confie la garde et l'observation fidèle.»

Le 19 juin, il célèbre la première messe dans l'Église de Saint-Sulpice, et le même jour il rend ainsi compte de ses pieuses impressions: «C'est aujourd'hui que, pour la première fois, je suis monté au saint autel, dans cette pieuse paroisse de Saint-Sulpice, où la dévotion envers la sainte Eucharistie s'est transmise comme un pieux héritage. Quel bonheur, quelle consolation de célébrer pour la première fois en présence de cet adorable sacrement! Tandis que j'appelais sur moi-même et sur tous les assistants les bénédictions célestes, vous me contempliez avec envie, saints anges, qui entouriez l'autel.....»

Nous terminerons cette partie en donnant un extrait d'une lettre adressée au prêtre qui avait été son premier guide dans l'affaire de sa vocation.

«Paris, 28 juin 1851.

«MON BIEN CHER AMI,

«Me voici donc parvenu au terme tant désiré, au but que la divine Providence avait marqué dans ses décrets éternels, et qu'elle m'a fait atteindre par des voies si admirables ! Je rends grâce au Ciel de ce qu'il vous a choisi des premiers pour me faire entrer dans cette voie de prédilection ; car c'est vous qui avez jeté dans mon âme les premières semences qui devaient y germer plus tard sous l'action de la grâce ; ce sont vos bonnes et si douces instructions qui ont répandu dans mon intelligence ces lumières vives et consolantes de la foi ; ce sont vos encouragements qui m'ont guidé et soutenu au milieu des luttes de la vie, vos conseils qui m'ont dirigé dans les incertitudes de ma vocation, vos prières qui n'ont cessé d'attirer sur ma tête des grâces sans cesse renouvelées. Soyez-en béni ! Que ne puis-je vous rendre une part de vos bienfaits! De moi-même comment le pourrais-je? Mais aujourd'hui le Seigneur, dans son infinie miséricorde, me donne un moyen toujours sûr, toujours efficace d'attirer les bénédictions divines sur ceux qui ont été les instruments de ses inépuisables bienfaits envers son pauvre serviteur. Il ne me reste plus que peu de jours à passer dans cette pieuse maison; jours précieux à tous égards, puisqu'ils me servent à considérer, dans le recueillement et le silence de l'âme, les grandes choses que le Seigneur a faites en moi, et à lui rendre grâces.

«Veuillez agréer, etc.

«Paul Rencker.»

XI.

L'abbé Rencker est nommé professeur au collége Saint-Arbogast.

Devenu prêtre, il mit aussitôt ses talents au service du diocèse où il est né. Monseigneur, pour répondre au vœu d'un grand nombre de familles, venait de fonder le collége libre de Saint-Arbogast, sous la direction de M. l'abbé Freppel et de quelques autres jeunes ecclésiastiques instruits et dévoués. M. Rencker était de ce nombre. Cette position répondait parfaitement à ses goûts, en ce qu'elle lui procura le moyen de s'occuper de l'éducation de la jeunesse. Il s'empressa de faire part de son bonheur au Père Lacordaire Celui-ci l'encouragea dans la lettre qu'on va lire :

«Paris, 16 janvier 1852.

«MON CHER AMI,

«Les bonnes nouvelles que vous me donnez du collége de Saint-Arbogast m'ont bien réjoui pour vous et pour l'œuvre elle-même. L'éducation des enfants est une des choses où le cœur du prêtre trouve le plus à servir le bon Dieu et à jouir de lui. Ces créatures suaves et tendres, malgré les germes obscurs de la corruption native, sont naturellement inclinées vers Jésus-Christ, pour peu que la culture aide en elles la grâce du baptême; leur confiance et leur piété sont un trésor inépuisable de jouissances, du moins je me le figure ainsi; car je n'ai jamais eu le bonheur d'élever des enfants; mais, par les jeunes gens avec lesquels la foi me met en rapport, je juge ce que doivent être des âmes plus dociles encore et plus abandonnées à la grâce. Je vous félicite donc, mon cher ami, de votre consécration à cette belle œuvre. Du reste, dans l'Église tout est admirable : le ministère pastoral, le ministère apostolique, le ministère de l'éducation.»

Le jeune professeur avait toutes les qualités pour réussir dans ce dernier genre de ministère : à des connaissances solides il joignait un zèle infatigable; il possédait surtout, à un degré éminent, le talent de porter les enfants au bien en s'emparant de leur confiance et de leur affection. Le plus grand nombre des élèves appartenaient à la classe élevée de la société; des positions honorables les attendaient dans le monde; il était donc de la plus haute importance de les préparer aux luttes de la vie par une éducation fondée sur des principes religieux. Pour atteindre ce but, il fallait leur donner une connaissance approfondie des vérités du christianisme, et former leurs cœurs à la piété, *la piété étant utile à tout* (1 Tim. IV, 8). Cette importante mission fut confiée, d'une manière spéciale, à l'abbé Rencker; il en comprit la responsabilité et s'en acquitta avec son dévouement ordinaire. La première communion des enfants lui semblait l'occasion la plus favorable pour saisir ces jeunes âmes et les donner à Jésus-Christ; il voulait que ce grand acte religieux leur laissât des impressions profondes et durables. Quand le moment n'en était plus éloigné, il multipliait les instructions et les avis. Les exercices d'une sainte retraite achevaient de disposer les enfants. Pendant ces jours de préparation, il ne les perdait pas de vue un seul instant, afin de les maintenir dans le recueillement; il n'épargnait rien pour les pénétrer de la grandeur et de la sainteté de l'acte qu'ils allaient accomplir, cherchant à exciter en eux des sentiments de foi, de respect, d'amour, de confiance et un ardent désir de s'unir à Notre-Seigneur. Ses élèves se rappellent que lorsqu'il parlait du bonheur de communier, sa voix s'animait, son visage s'enflammait; on vit quelquefois les larmes couler de ses yeux; l'émotion gagnait tous les cœurs; et cette tendre dévotion dont il était animé envers le très-saint Sacrement, il savait l'inspirer à ses chers élèves. Il était convaincu que c'était le moyen le plus sûr de les prémunir contre les écueils du monde.

Dans ses correspondances avec les jeunes gens qui avaient cessé de fréquenter le collége, il revenait souvent sur la sainte communion, et il avait la consolation de se voir compris par le plus grand nombre d'entre eux. La lettre qu'on va lire a été écrite par un jeune homme à qui l'abbé Rencker venait d'envoyer le petit livre sur le saint Sacrement par Mgr de Ségur :

«Mon cher Monsieur le Professeur,

«..... Je ne puis assez vous remercier des bontés que vous continuez d'avoir pour moi; vous venez encore de m'en donner une nouvelle preuve par le petit livre que vous venez de m'envoyer. Ce petit livre est excellent : j'y ai trouvé de belles prières pour s'entretenir devant le très-saint Sacrement. Je l'ai montré à quelques personnes pieuses qui, elles aussi, l'ont trouvé excellent. Du reste, rien qu'à voir le nom de l'auteur, on a de ce livre une bonne opinion; car tout ce que fait Mgr. de Ségur, soit livres de prières, soit livres pour défendre la religion, est bien fait.....

«Je me réjouis de parcourir le petit livre de la très-sainte communion que vous m'avez annoncé; car on ne peut assez lire les écrits qui ont rapport à la divine Eucharistie. J'ai lu les premières pages d'un livre sur le même sujet, par Fénelon, et cette lecture m'a charmé.

«Quant aux annales du très-saint Sacrement, j'ai occasion d'en lire la dernière année, et ces lectures m'ont beaucoup plu, ainsi qu'à d'autres personnes; enfin j'espère réunir une série pour l'année qui va s'ouvrir.»

«TH. L.»

XII.

L'abbé Rencker est chargé du catéchisme de persévérance. — Sa sollicitude pour les élèves qui ont cessé de fréquenter le collége.

Le fondement d'une vie chrétienne est posé par la première communion; mais, pour achever l'édifice, il est nécessaire qu'à partir de cette époque, le jeune homme reçoive une instruction religieuse plus développée, afin de fortifier ses convictions. L'adolescence est l'âge dangereux des passions naissantes, où le monde lui apparaît avec tout ce qui est capable de séduire une jeune imagination. Malheur au jeune homme qui, à cet âge, manque de guide, qui se voit abandonné à son inexpérience et à sa faiblesse! L'abbé Rencker redoublait donc de sollicitude pour les élèves après leur première communion. Mgr l'évêque le chargea spécialement du catéchisme de persévérance. Voici comment il appréciait cette nouvelle charge dans une lettre qu'il écrivit à sa mère, de Laon, où il était allé passer les vacances, en 1858 :

«Je serais on ne peut plus heureux de continuer le catéchisme de persévérance, surtout dans la supposition que Monseigneur le vît avec plaisir et voulût bien me désigner pour cela; car alors j'aurais véritablement mission pour continuer cette œuvre si importante et si féconde en bien. Cela me mettrait dans une position parfaitement normale, et je crois qu'une ère d'avenir commencerait alors pour le catéchisme de persévérance des jeunes gens. Ce n'a pas été le moindre objet de mes recommandations dans les pieux sanctuaires que j'ai visités; je ne pouvais croire que la sainte Vierge, qui avait paru prendre ces enfants sous sa protection spéciale, consentît à leur abandon. Je vois d'ailleurs dans tout cela le moyen et l'occasion de travailler d'une manière parfaitement conforme à mes goûts.»

Le catéchisme de persévérance était, comme le fait voir cette lettre, son œuvre de prédilection. Il s'ingéniait à trouver tous les jours de nouveaux moyens d'exciter l'émulation des élèves. Outre les résumés qu'ils apportaient de chaque instruction et qui étaient soigneusement corrigés, des exercices publics avaient lieu plusieurs fois dans l'année; les parents étaient invités, et les élèves répondaient, en leur présence, aux questions qui leur étaient adressées sur les différents points de la doctrine catholique. Mais laissons le jeune professeur lui-même nous rendre compte de ces intéressantes séances.

Nous empruntons les pages suivantes à sa *Notice sur Théophile* :

«La réunion des jeunes gens qui composaient alors à Saint-Arbogast le catéchisme de persévérance, se distinguait par son assiduité exemplaire et par son esprit de foi et de piété. Les jeudis et les dimanches, une salle de classe était transformée en une sorte d'oratoire : un tableau de l'enfant Jésus au milieu des docteurs rappelait au jeune auditoire le modèle qu'il devait suivre; placée au-dessous, l'image de Marie réjouissait tous les regards et tous les cœurs; les traits vénérés de saint Stanislas et de saint Louis-de-Gonzague nous retraçaient de nobles exemples, et la lumière des cierges nous était un symbole de la lumière de la vérité. Ces chers enfants comprenaient ce langage; on était édifié, rien qu'à les voir entrer dans la salle. Le silence qu'ils observaient alors n'était pas le seul effet de la discipline : c'était le silence du recueillement. La salle du catéchisme était pour eux un sanctuaire où ils venaient entendre la parole de Dieu. Ces bons jeunes gens s'excusaient humblement de la moindre inexactitude. L'un deux, il nous en souvient, nous dit un jour : «Monsieur, veuillez me pardonner mon re«tard; je ne puis alléguer aucune excuse.» On se figure aisément la contenance de Théophile au milieu de ses édifiants camarades : il ne perdait pas une parole et recevait les enseignements de la foi avec une religieuse avidité.

«Afin de propager à Saint-Arbogast l'excellent esprit qui animait quelques élèves, leurs maîtres avaient eu l'idée d'inscrire les noms des plus méritants dans un cœur destiné à demeurer suspendu à l'image de Marie, dans l'église Saint-Étienne. Cette distinction, d'un caractère tout religieux, produisit l'effet désiré. Il fallait, pour l'obtenir, réunir tous les suffrages; Théophile fut désigné unanimement. On le vit dès lors pratiquer, mieux que jamais, l'apostolat de l'exemple; les nouveaux venus trouvaient en lui un soutien; dans les récréations, il s'oubliait lui-même, afin d'animer les jeux de ses camarades, et volontiers il se prêtait à ces mille petits caprices de l'enfance, pour égayer les autres. Dieu seul a connu toutes les secrètes industries de ce charitable enfant, Dieu seul a pu compter les actes d'une abnégation si humble dans son objet, et pourtant si méritoire.

«Proclamé membre de la petite milice de choix, Théophile se fit un devoir de justifier la confiance de ses maîtres, en redoublant d'exactitude et d'ardeur; son travail lui valut souvent, aux instructions religieuses, des cachets de persévérance; aussi, aux réunions solennelles du catéchisme, obtenait-il d'ordinaire un témoignage d'assiduité et de zèle. Mais, ce qui le réjouissait le plus, c'était d'entendre, dans ces pieuses réunions, cette voix amie et pleine d'autorité qui, plus d'une fois, il vous en souvient, édifia les maîtres, non moins que les élèves. Il est encore présent à notre souvenir, cet entretien où nous entendîmes développer d'une manière si touchante ces paroles de l'apôtre : «La piété est utile à tout; «elle a les promesses de la vie présente et de la «vie future;» et cet autre, où furent exposés, avec tant de conviction et d'entraînement, les avantages de l'éducation chrétienne et les droits sacrés et imprescriptibles de la famille. Grâces en soient rendues à l'auteur de tout bien, qui a daigné, dans sa bonté, nous accorder de tels encouragements! Sous l'influence de pareilles impressions, le cœur de Théophile se dilatait et s'enflammait d'une nouvelle ardeur; il lui tardait de pouvoir s'épancher en accents de reconnaissance; l'émotion qui l'agitait, nous la partagions avec lui, et, tous ensemble, réunis au pied de l'image de Marie, nous laissions échapper de nos cœurs les accents d'une religieuse allégresse.»

Le bon prêtre ne pensait pas avoir accompli toute sa tâche en s'occupant de l'éducation religieuse des élèves pendant leur séjour au collége; sa sollicitude les suivait dans le monde et veillait d'autant plus sur eux qu'il les savait plus exposés. Sa propre expérience lui avait appris quel grand bien résultait de ces rapports entre le jeune homme et le prêtre à qui il a donné sa confiance et qui est devenu son ange gardien dans les sentiers difficiles de cette vie. «Pauvre ami, disait-il avec l'accent de la plus tendre compassion au jeune homme qui quittait l'établissement pour aller dans le monde, qu'allez-vous devenir si vous êtes lancé ainsi, sans appui et sans guide, au milieu de toutes sortes de dangers?» Et, en l'embrassant, il lui faisait promettre de revenir le voir quelquefois et surtout de lui écrire souvent.

Aussi avait-il une correspondance suivie avec tous les anciens élèves; il s'informait de leurs projets d'avenir, les assistait de ses conseils, les exhortait à la persévérance, leur en indiquait les moyens, et pour conserver leur confiance, il leur envoyait des livres, des objets de piété. C'est ainsi qu'il continuait à diriger ces jeunes gens dans le sentier de la vertu et du devoir. Le fait suivant prouve jusqu'où allait l'affection qu'il portait à cette chère jeunesse : Un des élèves qui lui avaient donné le plus de satisfaction, fut Théophile N. dont il a déjà été question précédemment. Cet enfant fut enlevé à sa famille par la mort à l'âge de dix-neuf ans.

L'abbé Rencker pensa que le souvenir de la vie si édifiante de Théophile méritait d'être conservé, il publia sur lui une notice biographique où il le proposait comme exemple à ses anciens camarades. C'est ainsi qu'il ne manqua jamais une occasion de porter ses jeunes amis au bien.

Il voulait que chaque année une fête de famille réunît tous les anciens élèves de l'établissement autour de leurs maîtres. Cette réunion avait, à ses yeux, le double but : 1° de s'édifier mutuellement par une communion générale; et 2° de resserrer les liens de l'amitié dans un banquet qui avait lieu après la cérémonie religieuse.

On choisissait ordinairement pour cette réunion

le jour de la première communion des enfants. Nous nous rappelons avec bonheur d'avoir assisté à une de ces fêtes; le souvenir qui nous en est resté ne s'effacera jamais de notre cœur. C'était un touchant spectacle de voir ces jeunes gens, les uns portant l'uniforme militaire, les autres celui d'élèves en médecine, quelques-uns revêtus de l'habit ecclésiastique, se rencontrer et se confondre à la table sainte, se fortifier par le pain des anges, puis entendre une parole sympathique et encourageante. Au sortir de l'église, une scène d'un autre caractère s'est présentée à nos regards. C'étaient des démonstrations réciproques de la plus franche amitié; maîtres et élèves étaient heureux de se retrouver. Quant à l'abbé Rencker, à qui revenait le principal mérite de la fête, il était au comble du bonheur; nous l'entendîmes dire: «Je compte ce jour parmi les plus beaux de ma vie de prêtre.»

C'est par ces rapports d'amitié avec les jeunes gens qu'il les maintenait dans le devoir et les préservait de bien des écarts. Il suivait en cela le conseil du Révérend Père Lacordaire.

Nous donnons ici un extrait d'une lettre où le savant Dominicain donne des avis d'une haute sagesse.

«Il vous faut commencer à attirer à vous quelques jeunes gens en leur montrant de l'amitié. A cet âge, le cœur est tout, et il ne faut qu'un attachement honnête pour dégoûter de tout ce qui est faux et honteux. Les jeunes gens ne se livrent à la débauche que parce qu'ils ignorent le bien de l'amitié, laquelle ne s'établit et ne subsiste qu'entre des âmes chastes, ou qui du moins font effort de l'être. Ces soins vous donnent de la peine. Quelle douce peine! L'homme du monde s'isole volontiers tout en se jetant dans le tumulte des compagnies nombreuses, parce que l'homme du monde se cherche lui-même et qu'on n'aime qu'en sortant de soi; mais le chrétien est porté par l'amour de Dieu à l'amour des hommes et il découvre des raisons de n'être pas indifférent là où les autres ne découvrent rien que la monotonie d'un spectacle usé.

«Voilà bien de la morale, mon cher ami; vous me la pardonnerez et vous continuerez de m'aimer un peu. Ecrivez-moi bientôt; donnez-moi des nouvelles de Strasbourg et de toutes les choses que vous savez m'intéresser, surtout de vous-même. Ce sera une promenade sur le Rhin. Je ne vous dis rien de mon affection, puisque vous la connaissez.

«FR. HENRI-DOMINIQUE LACORDAIRE.»

XIII.

Vie intérieure.

Avant de parler des œuvres de l'abbé Rencker, pour procéder avec méthode, nous remonterons à la source de cette activité qu'il déploya pendant toute sa carrière sacerdotale ; nous parlerons de son esprit de foi, de son union avec Notre-Seigneur, de son esprit d'oraison et de sa dévotion envers la sainte Eucharistie.

1. *Son esprit de foi.*

La foi est le fondement de la vie surnaturelle, *justus ex fide vivit* (Épître aux Hébreux, X). Cette divine lumière dirigeait les pensées, les paroles et les actions de l'abbé Rencker. On trouve dans son règlement de vie cette résolution : « Je m'appliquerai à n'agir que par les motifs de la foi ; j'éviterai ainsi la routine. » Il ne tenait compte de l'opinion des hommes qu'autant qu'elle s'accordait avec la vérité révélée. De là cette indépendance de pensée qu'il montrait dans les discussions. Il n'appréciait les choses de ce monde, les honneurs, les richesses, etc., etc. qu'au point de vue de la foi. Nous l'entendîmes un jour complimenter quelqu'un qui venait d'être promu à un poste d'honneur: «Je vous félicite, Monsieur, dit-il, car dans votre nouvelle position vous trouverez l'occasion de faire un grand bien.» Mais nous jugerons mieux en le laissant parler lui-même: Ayant eu à faire le panégyrique du roi saint Louis, dans une église de Strasbourg, il choisit pour texte les paroles que nous venons de citer: *Justus ex fide vivit.* Il les méditait depuis quelque temps, il en fut tellement frappé que, malgré sa réserve ordinaire, il ne put résister au désir de communiquer ses impressions à l'un de ses amis et de lui lire la page suivante qu'il venait d'écrire: «Quel sens profond dans ces paroles de saint Paul: *Justus ex fide vivit!* La foi n'a-t-elle pas été la vie des saints? Elle a inspiré les apôtres qu'elle a portés à tout entreprendre, à endurer des fatigues sans nombre, à exposer mille fois leur vie pour le salut des âmes, à souffrir les humiliations, les tourments et la mort pour le saint nom de Jésus. La foi a inspiré les martyrs; s'ils ont vaincu le monde, s'ils ont triomphé des persécutions, c'est par la foi, *hæc est victoria mundi, fides vestra.* La foi a inspiré les confesseurs, les vierges; à la clarté de cette lumière, ils ont reconnu le néant des choses créées; ils ont tout quitté pour suivre Jésus-Christ pauvre et portant la croix. Quelle puissance dans la foi, puisque Notre-Seigneur nous assure que par elle nous transporterions des montagnes! La foi? elle nous soutient dans les combats, elle nous fortifie et nous console dans les épreuves de la vie; elle est le principe des vertus les plus héroïques; elle nous encourage en nous montrant de loin le terme de nos espérances.» Puis il ajouta: «Cher ami, il me semble quelquefois que nous n'avons plus la foi, du moins nous n'avons plus cette foi vive qui opère par la charité; car si nous l'avions, nous ferions ce que les saints ont fait. Prions, prions Notre-Seigneur d'augmenter la foi en nous.» Cet esprit de foi accompagnait l'abbé Rencker partout: à l'autel, au confessional, en chaire, dans ses visites au saint Sacrement, dans la récitation du bréviaire, dans toutes ses fonctions ecclésiastiques, et c'est pour cette raison qu'il s'en acquittait avec tant de dignité et d'exactitude.

2. *Son union avec Jésus-Christ.*

Si la foi est le principe de la vie surnaturelle, Jésus-Christ en est l'aliment, la force. De même que le tronc communique la sève aux branches et les fait vivre, ainsi Jésus-Christ nous communique sa vie par la grâce. Le Sauveur explique lui-même cette mystérieuse communication, lorsqu'il dit : *Je suis le cep de vigne, vous êtes les branches; celui qui demeure en moi porte beaucoup de fruit* (Jean, XV, 5). Remarquons cette dernière parole : *porte beaucoup de fruit.* Elle explique le principe de cette admirable fécondité qui a toujours été un des caractères du sacerdoce catholique. D'où vient au prêtre ce zèle qui le presse de se dévouer, qui fait que non-seulement il donne tout, mais qu'il se donne encore lui-même pour le salut des âmes? C'est de son union intime avec Jésus-Christ. C'est par cette union que nous devenons en quelque sorte *tout-puissants* pour le bien; l'apôtre le dit : je PUIS TOUT *dans celui qui est ma force.* Avec ce secours, nous nous sentons portés aux actes les plus héroïques avec une facilité étonnante, nous devenons capables des plus grands sacrifices, nous embrassons la croix avec bonheur.

L'abbéRencker vivait de cette vie cachée en Dieu avec Jésus-Christ, *vita abscondita in Deo per Christum;* c'est-à-dire que Jésus-Christ inspirait, dirigeait, fécondait et sanctifiait toutes ses pensées, ses paroles, ses actions, ses œuvres, en sorte qu'il pouvait dire en toute vérité avec l'apôtre: *Vivo autem, jam non ego; vivit vero in me Christus. — Je vis; mais ce n'est plus moi qui vis, c'est Jésus-Christ qui vit en moi.* Et cette vie qu'il puisait avec abondance dans ses communications intimes avec le Dieu du tabernacle, il la répandait autour de lui, comme ces collines qui reçoivent les eaux du ciel pour les verser dans les vallées et y porter la fécondité. Mais afin que le prêtre vive de cette vie en Dieu, afin qu'il porte beaucoup de fruit, il est nécessaire qu'il apprenne à mourir, à s'immoler. Dans l'ordre de la grâce comme dans l'ordre de la nature, la mort précède la vie. Notre Seigneur nous explique cette vérité, en se servant d'une magnifique comparaison : *Si le grain de froment n'est jeté en terre pour y mourir, il reste seul; mais quand il est mort, il porte beaucoup de fruit.* Qu'y a-t-il en apparence de plus petit, de plus faible qu'un grain de froment ? Néanmoins ce petit grain contient un principe d'étonnante fécondité, il est susceptible de se multiplier à l'infini ; mais à la condition qu'il descende dans les profondeurs de la terre, qu'il s'y cache, qu'il s'anéantisse et que sous l'influence de l'humidité et par l'action de la chaleur, il meure et se décompose. Puis de cette mort sort la vie. Jésus-Christ a été, le premier, ce grain de froment; il a été broyé sur la croix, il s'est anéanti, il fut caché dans les profondeurs de la terre. Puis, de cette mort, de ce sépulcre est sortie la vie. Quelle fécondité dans la mort de Jésus-Christ! A son exemple, tout chrétien, mais principalement tout prêtre, doit être un grain de froment; pour vivre et pour donner la vie aux autres, il faut qu'il sache mourir, il faut qu'il sache s'immoler; il faut qu'en montant des degrés de l'autel pour offrir le saint sacrifice, il se dise tous les jours: je vais mourir avec l'auguste victime, je vais m'attacher à la croix avec elle.

L'abbé Rencker était ce prêtre intérieur et mortifié dont nous venons de tracer le portrait. Nous avons vu avec quel soin il s'appliquait déjà au Séminaire à mourir au monde et à lui-même pour ne vivre qu'en Dieu. Devenu prêtre, il redoubla d'efforts pour détruire en lui l'homme de la nature, *ut destruatur homo peccati,* pour faire triompher celui de la grâce.

Dans ses notes il revient fréquemment sur certains textes, qui étaient le sujet ordinaire de ses méditations. En voici quelques-uns : «*Mortui estis et vita vestra abscondita est in Deo per Christum.* Vous êtes morts et votre vie est cachée en Dieu avec Jésus-Christ (saint Paul). — *Quotidie morior,* je meurs tous les jours (saint Paul). — Quitter tout pour trouver tout (Imitation). — Vous avancerez autant que vous aurez appris à vous vaincre (Imitation).» Les mortifications qu'il pouvait pratiquer sans se faire remarquer, étaient celles qu'il préférait, comme moins sujettes à l'illusion. Il paraissait avoir acquis un empire parfait sur l'amour-propre, à en juger par l'impassibilité et le calme qu'il montrait au milieu des contradictions. Rien ne prouve mieux combien il était, par ses pensées, absorbé en Dieu, que l'indifférence qu'il avait pour toutes les choses de la terre. Les questions politiques, les nouvelles du monde ne l'intéressaient qu'autant qu'elles touchaient à la religion. Pour le faire parler, il fallait l'amener sur le terrain spirituel, lui poser une question sur la liturgie, s'informer des œuvres qu'il aimait ; alors sa parole s'animait, il devenait disert, éloquent même.

3. *Son esprit de recueillement et d'oraison.*

Le grand moyen de rester uni à Dieu est l'esprit de recueillement et d'oraison. La solitude avait un charme particulier pour l'abbé Rencker; il n'avait d'autres rapports avec le monde que ceux que son devoir ou la bienséance exigeait; cependant il ne le fuyait pas: «Le prêtre, disait-il, qui est obligé de vivre dans le monde, d'y porter la bonne odeur de Jésus-Christ, de l'édifier par sa modestie, de l'éclairer par sa science, ne peut se condamner, comme le chartreux, à un isolement absolu; une vertu trop austère lui fermorait les cœurs, il ne ferait pas de bien ainsi.» Les rapports de l'abbé Rencker avec les personnes du monde étaient faciles, agréables; sa bonté gagnait les cœurs; mais on remarquait que, même au milieu d'une nombreuse société, il restait toujours uni à Dieu. Cet esprit de recueillement le suivait partout, même dans les rues les plus populeuses de notre ville. On le voyait glisser, comme une ombre, à travers la foule, pour se rendre au couvent de Marie-Réparatrice ou à celui de Notre-Dame, ou encore à l'École normale, les yeux modestement baissés, entendant à peine le bruit qui se faisait autour de lui et ne voyant personne, comme s'il s'était trouvé seul.

Que dirons-nous de son esprit d'oraison ? C'est Manrèse qui a formé saint Ignace, c'est dans le commerce intime avec Dieu que tous les saints ont puisé le zèle qui les animait pour le salut des âmes et la gloire de Dieu. M. Rencker était homme d'oraison. On pouvait dire de lui qu'il priait sans cesse. Voici comment sa journée était réglée : Tous les matins il faisait une méditation de trois quarts d'heure, après laquelle il disait ses Petites-Heures ; puis un quart d'heure de préparation à la sainte Messe, et vingt minutes d'actions de grâces. «Je m'efforcerai, écrivait-il, de vivre dans des dispositions de préparation et d'actions de grâces continuelles d'une sainte Messe à l'autre.» Il faisait régulièrement son examen particulier avant midi, récitait vêpres et complies après la récréation. Le soir il visitait le saint Sacrement, puis récitait matines et laudes. Tous les jours il disait son chapelet. Le reste du temps était consacré à l'étude, à la classe, ou aux occupations du saint ministère, et comme toutes ses actions étaient sanctifiées par une intention surnaturelle, on peut dire que toute sa vie était une prière non interrompue. Nous devons ajouter que tous les mois il faisait en son particulier une retraite de quelques jours, et tous les ans il se retirait pendant huit jours dans quelque maison religieuse, pour se retremper, par les pieux exercices de la méditation, dans l'esprit de son saint état. On peut juger, par les pieuses réflexions qu'il écrivait pendant ces jours de recueillement et par les résolutions qu'il prenait, combien sa propre sanctification lui tenait à cœur, quel ardent désir il avait de son avancement spirituel. Un des moyens qui lui paraissaient les plus sûrs pour atteindre à la perfection, c'était de bien régler toutes ses actions. Il avait lu ces paroles de saint Bernard : «*Sans règlement de vie, vous ferez toujours votre volonté propre, rarement la volonté de Dieu.*»

Nous trouvons dans les cartons de l'abbé Rencker les différents règlements qu'il s'était faits comme séminariste, comme prêtre, comme professeur et aumônier. Nous transcrivons ici celui qu'il se donna au sortir du Séminaire. Ce règlement n'était pas une lettre morte ; les personnes qui, comme nous, ont vécu dans l'intimité du saint prêtre, diront que sa vie en a été la fidèle expression.

XIV.

Règlement de vie de l'abbé Rencker.

A. M. D. G.

RÈGLEMENT DE VIE.

Vitæ ordinem observate.

«Si vous observez un bon règlement de vie fidèlement et par amour pour le Seigneur, dit M. Olier, vous avez tout à espérer, vous vivrez pour Dieu; mais si vous n'avez point de règlement, ou si vous n'êtes pas fidèle à l'observer par des vues de foi autant que les circonstances le permettent, vous avez tout à craindre pour votre salut; ce n'est pas pour Dieu que vous vivez.»

I. *Maximes qui me serviront à diriger ma conduite*[1].

1. Ambula coram me et esto perfectus (Genèse, XVII, 1).

Perfecti estote, sicut et Pater vester cœlestis perfectus est (Matth. V, 48).

2. Imitamini quod tractatis (Pontificale).

3. Justus ex fide vivit (Hebr. X, 38).

Vivo jam non ego, vivit vero in me Christus Gal. II, 20).

4. Discite a me quia mitis sum et humilis corde Matth. XI, 29).

5. Estote prudentes sicut serpentes et simplices sicut columbæ (Matth. X, 16).

6. Si quis vult meus esse discipulus, abneget semetipsum tollat crucem suam quotidie et sequatur me (Matth. XVI, 24).

Tantum proficies quantum tibi ipsi vim intuleris (Imit. I, 25).

7. Fiat voluntas tua ! (Matth. VI, 10.)

[1] Je ne m'attacherai pas à me pénétrer de toutes ces maximes à la fois, mais de quelques-unes, pour varier selon les temps et l'attrait.

Deus meus, volui et legem tuam in medio cordis mei (Psaume, XXXIX, 9).

8. Vos estis sal terræ; vos estis lux mundi (Matth. V, 13).

9. Ubi est thesaurus vester, ibi et cor vestrum erit (Luc. XII, 34).

Dilectio creaturæ fallax et instabilis, dilectio Jesu fidelis et perseverabilis; qui adhæret creaturæ cadet cum labili; qui amplectitur Jesum, firmabitur in ævum (2 Imit. VII, 1).

Qui spernit modica paulatim decidet (Eccl. XIX).

10. Qui laxiora quærit et remissiora, semper in angustiis erit, quia unum aut reliquum sibi displicebit (1 Imit. XXV, 7).

Si incipis tepescere, incipies male habere; si autem dederis te ad fervorem, magnam invenies pacem (Imit.).

11. Omnibus omnia factus sum, ut plures lucrifacerem (1 Cor. IX, 19).

12. Christi bonus odor sumus (1 Cor. II, 15).

13. Nonne ardens erat cor nostrum in nobis, cum loqueretur nobis in via (Luc. XXIV, 32).

II. *Principes généraux de conduite.*

1. Je me proposerai en toutes mes actions Notre-Seigneur pour modèle, et m'appliquerai à conformer mes pensées à celles de ce divin Sauveur : *Imitatores mei estote, sicut et ego Christi. — Vivo, jam non ego, vivit vero in me Christus.*

« Saint Vincent-de-Paul, dit l'auteur de sa vie, savait que le dessein du Père éternel, dans l'Incarnation de son Fils, était non-seulement de nous donner un rédempteur pour nous tirer de l'esclavage du péché et de l'enfer, mais aussi de nous proposer un modèle accompli de toutes sortes de vertus pour nous y conformer : c'est pourquoi il prit une forte résolution de correspondre à ce dessein de Dieu, se proposant d'imiter soigneusement ce divin exemplaire et d'en former une parfaite copie dans son cœur (t. II, p. 260). » C'est ce qu'il a si fidèlement pratiqué, que l'on peut dire avec vérité que sa vie n'a été autre chose qu'une parfaite expression de la vie de Jésus-Christ ; en sorte qu'il a vérifié en sa personne la parole de ce divin Sauveur : « que le disciple serait parfait, lorsqu'il se rendrait semblable à son maître. » (*Ibid.*)

2. Je me conformerai autant que possible, dans les diverses positions où je pourrai être placé par la divine Providence, au règlement du Séminaire, à l'exemple du saint évêque d'Amiens, qui avait coutume de dire : que les meilleurs prêtres qu'il eût connus étaient ceux qui avaient conservé l'habitude de vivre en séminaristes.

3. Je m'acquitterai le plus tôt possible des devoirs d'obligation stricte et urgente, comme sont par exemple : le bréviaire, les messes promises, etc. Je me ferai une règle inviolable de ne jamais tarder de me rendre auprès d'un malade ; de même aussi, pour entendre la confession d'un pénitent qui ne se serait pas encore adressé à moi, le tout à cause des suites irréparables que pourrait amener le moindre délai.

4. Je fuirai jusqu'à l'apparence du péché ; dès que je remarquerai quelqu'affaiblissement ou relâchement, j'y mettrai ordre immédiatement. *Principiis obsta....*

5. Je ne rechercherai jamais aucun emploi, ni aucune fonction, même transitoire, et m'abannerai sans réserve à la direction de mes supérieurs.

6. Je m'appliquerai, comme je l'ai marqué plus haut, à n'agir que par les motifs de la foi ; j'éviterai

ainsi la *routine* et, dans ce but, je suivrai la pratique conseillée à M. Boullier par un Révérend Père abbé de la Trappe :

a. De réciter une prière avant et après toute fonction ecclésiastique, toute bénédiction, surtout avant la confession.

b. Lire chaque jour à genoux et tête nue, quelque chose du Nouveau-Testament pour y puiser des maximes contraires à celles que nous entendons débiter dans le monde.

c. Ne jamais rester dix minutes de suite à l'église, sans faire un acte intérieur de foi sur la présence réelle?

d. Parler avec le plus grand respect des choses saintes; dire, par exemple: la très-sainte Trinité, le très-saint Sacrement, la sainte Messe, la très-sainte Vierge, le saint Évangile.

7. Je m'appliquerai à vivre dans le recueillement habituel: *a*. Par la garde des sens; *b*. Par le fréquent usage des oraisons jaculatoires et par l'exercice de la présence de Dieu; *c*. En jetant un coup-d'œil sur mon cœur après chaque action, pour prendre les moyens de rendre agréable à Dieu l'action suivante; *d*. En réfléchissant toujours avant de parler, à l'exemple de saint Vincent-de-Paul, et en ne

manquant jamais de consulter et de prier Dieu, dans les choses importantes.

III. *Vertus ecclésiastiques.*

1. *Esprit de foi* (voyez plus haut, art. II, n° 6).

2. *Esprit de recueillement* (art. II, n° 7). «S'il se «trouvait une personne, disait saint Vincent-de-Paul, «qui sût bien pratiquer l'exercice de la présence «de Dieu, et qui se rendît fidèle à suivre les attraits «de cette vue de Dieu, elle parviendrait bientôt à un «haut degré de sainteté. Il n'y a pas grand chose à «espérer, dit-il encore, d'un homme qui n'aime pas «à s'entretenir avec Dieu ; et si l'on ne s'ac-«quitte pas, comme il faut, de ses emplois pour le «service de Notre-Seigneur, c'est faute de se bien «tenir à lui, et de lui demander le secours de sa «grâce avec une parfaite confiance.»

3. *Esprit de religion*, surtout envers la sainte Eucharistie, dans l'administration des sacrements, dans les saints offices, dans la récitation du bréviaire ; cet esprit de religion doit être intérieur et extérieur : en tant qu'extérieur, il se manifeste par la contenance, la modestie, la gravité, par le soin des objets appartenant au culte, par la propreté du lieu

saint, l'observation du silence dans la sacristie, article sur lequel je devrai m'observer avec le plus grand soin, surtout dans les commencements, pour ne pas prendre de funestes habitudes à cet égard.

4. *Esprit de désintéressement.* Être toujours prêt à faire la part des pauvres, être disposé à rendre service en toutes occasions, sans acception de personnes; céder les fonctions plus agréables à d'autres, se charger volontiers des plus pénibles, sans témoigner aucun mécontentement, et même avec joie et empressement: voilà ce que je m'efforcerai de pratiquer, avec le secours de la grâce. *Libentissime impendam et superimpendar ipse pro animabus vestris.*

5. *Zèle pour la gloire de Dieu et pour le salut des âmes.* Il se manifeste par un saint empressement à remplir tous les devoirs du ministère, par une grande générosité au service de Dieu et du prochain, par une sainte activité, par l'esprit de prière et de pénitence, en vue du salut des âmes, etc., etc.

6. *Vie cachée.* « Honorons, disait saint Vincent-de-« Paul, honorons l'état inconnu du Fils de Dieu ; c'est « là notre centre et ce qu'il demande de nous, pour « le présent, et pour l'avenir, et pour toujours, si sa « divine Majesté ne nous fait connaître en sa ma-

«nière qui ne peut tromper, qu'il veuille autre chose «de nous... Oh! que j'estime cette généreuse résolu«tion que vous avez prise d'imiter la vie cachée de «Notre-Seigneur. Il paraît que cette pensée vient «de Dieu, puisqu'elle est si bien éloignée des «sentiments de la chair et du sang. Tenez pour cer«tain que c'est là proprement l'assiette qui convient «aux enfants de Dieu: et par conséquent demeurez-y «ferme, et résistez courageusement à tous les sen«timents contraires qui pourraient vous arriver. «Assurez-vous que par ce moyen vous serez en «l'état où Dieu vous demande, et que vous ferez «incessamment sa sainte volonté, qui est la fin à la«quelle nous tendons, et à laquelle ont tendu tous «les saints. *Ama nesciri et pro nihilo reputari.* — «*Beati pauperes spiritu.*»

7. *Esprit de pauvreté.* Je me contenterai de meubles communs, de vêtements ordinaires, évitant tout ce qui pourrait ressembler à la recherche et au luxe: point de soie, ni de velours, ni d'étoffes trop fines; je préférerai toujours avoir moins que plus; de temps en temps, par exemple, tous les trois mois, je ferai une exacte revue des objets qui garniront ma chambre, pour en bannir tous ceux qui ne seraient pas conformes à cet esprit de simplicité

évangélique, et qui auraient pu s'y glisser, soit des objets donnés en cadeau, etc.

8. *Esprit de retraite, fuite du monde.* Je retrancherai les visites inutiles, et me proposerai dans toutes un but de charité; je les ferai dans le même esprit que la très-sainte Vierge, lorsqu'elle alla visiter sa cousine Elisabeth, et demanderai à Dieu de porter partout la paix et l'amour de Notre-Seigneur. *Christi bonus odor sumus.*

9. *Esprit de soumission envers Jésus-Christ et ses membres.* Je m'exercerai à cette vertu, dont M. Olier nous a laissé de si touchants exemples; *omnium me servum feci, ut plures lucrifacerem. — Jam non estis vestri.* J'aimerai à me considérer comme n'étant pas maître de mes actions, comme dépendant de mes supérieurs, de mes égaux, du public, du moindre d'entre mes frères; — je me tiendrai en esprit à leurs pieds, voyant en eux Notre-Seigneur lui-même.

10. *Esprit d'humilité.* Je ne m'arrêterai pas à parler ici de cette vertu, fondement de toutes les autres; seulement, je prends ici la résolution d'imiter avec un soin tout spécial les exemples de Notre-Seigneur, ceux de la très-sainte Vierge et de saint Joseph et ceux que nous fournit si abondamment la vie de saint Vincent-de-Paul.

IV. *Dévotions.*

J'aurai une grande dévotion :

1. *Envers le très-saint Sacrement.* Je serai sans cesse en esprit aux pieds de Notre-Seigneur dans ce sacrement adorable ; je ne quitterai jamais les saints tabernacles, sans y laisser mon cœur ; — je pratiquerai avec fidélité la pieuse coutume de visiter Notre-Seigneur ; — jamais je ne passerai devant une église ou chapelle où Notre-Seigneur repose, sans lui donner au moins en passant une pensée de foi et d'amour, et si je puis entrer commodément dans l'Église, je le ferai avec bonheur. Que s'il m'arrivait d'habiter, quelque jour, une maison où le très-saint Sacrement repose, je conserverais la pratique usitée à Saint-Sulpice, de visiter Notre-Seigneur avant de sortir et en rentrant ; — de même aussi, autant qu'il dépendra de moi, avant le coucher ; — autant que possible encore, je dirai une partie au moins de mon office devant le très-saint Sacrement ; — je m'appliquerai par tous les moyens que la prudence me permettra, à répandre la dévotion envers ce Sacrement adorable ; — tous les jeudis je réciterai le *Miserere*, pour faire amende honora-

ble à Notre-Seigneur des outrages dont il est abreuvé chaque jour dans la sainte Eucharistie.

2. *Dévotion à la très-sainte Vierge.* Je m'appliquerai sans cesse à imiter la vie et les exemples de cette sainte mère; — je lui confierai toutes mes peines et conserverai, pour l'honorer, la pratique du chapelet divisé en plusieurs parties, dans le cours de la journée; — je n'oublierai pas non plus la pieuse récitation de l'Angélus : — tous les jours, la prière : *ô Jesu, vivens in Maria....* souvent je dirai la sainte Messe en son honneur; — j'aimerai à m'entretenir de ses bontés, de ses vertus, de ses bienfaits sans nombre, etc., etc.

3. *Dévotion aux saints cœurs de Notre-Seigneur et de Marie.* Je célèbrerai le mois du saint cœur de Notre-Seigneur d'après la méthode usitée au Séminaire.

4. *Dévotion aux saints apôtres.* «Sanctissimos etiam apostolos, in cœna a Christo cibatos et in ipsum transformatos, ut ait sanctus Chrysostomus, quasi duodecim Ecclesiæ fundamenta, venerabuntur ; eorumque patrocinium, simul et discipulorem gratiam et spiritum quotidie super universam Ecclesiam invocabunt.»

5. «Post divinissimum Eucharistiæ sacramentum,

divinum Christi Evangelium et sanctam ejus crucem venerabuntur : in primo vitam legis, in secundo verbum legis, in tertio opus legis adorabunt. » Ideoque :

a. Sæpius in die, potissimum vero mane, et in exordio cujuslibet operis, abnegationem meiipsius coram Deo profitebor, crucem amplectans, et meipsum Christo Domino interius degenti fiducialiter tradam et Spiritui ejus committam, ut mihimetipsi mortuus, soli Deo vivens ac laborans, Christo placere valeam.

b. Sanctissimum Evangelium semper apud me gestabo ut secundum Prophetam, qui beatos dicit eos qui nocte ac die legem dei meditantur, semper præ oculis habeam virtutes Christi, atque auribus cordis præcepta divinæ vitæ suscipiam, tandem præ manibus opera Christi gestare valeam.

Quod ut facilius impleam, quotidie capitulum vel saltem aliquot versiculos sancti Evangelii (si commode fieri possit, genibus flexis et capite aperto) pie et religiose perlegens meditabor : *a.* adorans Spiritum veritatis ; *b.* invocans virtutem ejus, qui mihi suggerat quæcumque Christus dixerit, et in intimis cordis visceribus redamem quod legerim, et a Spiritu sancto gratanter acceperim.

6. *Dévotion à la sainte Enfance de Notre-Sei-*

gneur. Je conserverai la pratique du Séminaire, pour le mois de la Sainte-Enfance.

7. *Dévotion aux âmes du Purgatoire.* J'offrirai souvent à leur intention le saint sacrifice; — je dirai le chapelet pour elles le mercredi; — j'offrirai aussi de temps en temps dans la même intention des aumônes et des œuvres de miséricorde. Je marquerai l'anniversaire des défunts pour lesquels j'ai une obligation particulière de prier, afin d'offrir le saint sacrifice pour elles ce jour-là.

8. Pour ne pas oublier d'honorer régulièrement mon ange gardien, les saints anges en général, j'adopterai la pratique de la sanctification de la semaine, telle qu'elle est marquée dans le manuel de piété, consacrant le lundi à honorer particulièrement le Saint-Esprit; le mardi, les saints anges, le mercredi, saint Joseph, etc.

9. J'honorerai spécialement mes saints patrons: saint Joseph, saint François et saint Paul; — saint Louis-de-Gonzague, saint Charles, saint François de Sales; — saint Jean, saint Jean-Baptiste; — sainte Anne, sainte Thérèse et saint Vincent-de-Paul.

RÈGLEMENT POUR TOUS LES JOURS.

Lever. Tout l'ordre de la journée dépendant du lever, je prends la ferme résolution de conserver l'habitude d'une exactitude parfaite, scrupuleuse même, à me lever régulièrement à 5 heures moins un quart; si je prévoyais la veille ne pouvoir le faire, ce qui devra toujours être fort rare, je me déterminerais d'avance l'heure pour le lendemain, afin de ne rien laisser à l'arbitraire sur un article d'une telle importance; j'aurai soin de me ménager les moyens d'être réveillé sûrement, soit en me servant d'un réveil ou d'une personne exacte, selon les circonstances où je me trouverai.

A l'exemple de saint Vincent-de-Paul, étant levé, j'adorerai la majesté de Dieu et lui rendrai grâces de la gloire qu'il possède, de celle qu'il a donnée à son Fils, à la sainte Vierge, aux saints anges, à saint Jean-Baptiste, à mon ange gardien, aux apôtres, à saint Joseph et à tous les saints et saintes du paradis; je le remercierai aussi des grâces qu'il a faites à la sainte Église, et en particulier de celles que j'ai reçues de lui, nommément de ce qu'il m'a conservé pendant la nuit. Je lui offrirai mes pensées, mes paroles et mes actions, en union avec celles de Jésus-Christ; je le prierai qu'il me garde de l'offenser, et qu'il me donne la grâce d'accomplir fidèlement tout ce qui lui sera le plus agréable.

Je ferai tous ces actes rapidement et repasserai, en m'habillant, le sujet d'oraison.

Oraison. Je commencerai immédiatement mon oraison par la prière vocale usitée à Saint-Sulpice; y compris cette prière, elle sera de trois quarts d'heure. Je méditerai successivement sur les différents mystères de la vie et de la mort de Notre-Seigneur, de la sainte Vierge, etc., sur les devoirs de ma vocation, etc., etc.

Petites heures. Aussitôt après l'oraison, les petites heures ou la sainte messe, selon les circonstances; dans le cas où il me faudrait remettre les petites heures après la messe, je les dirais dans le premier moment libre.

Sainte messe. S'il y avait un intervalle assez considérable entre l'oraison ou les petites heures et la sainte messe, je ferais une préparation d'un quart d'heure au moins dans l'église; après la sainte messe, une action de grâces de vingt minutes au moins; s'il fallait l'abréger notablement pour motifs d'urgence, je ne manquerais pas de la reprendre ensuite; au reste, je m'efforcerai de vivre dans des dispositions de préparation et d'action de grâces continuelles : *semper gratias agentes*. Je partagerai mon temps entre la préparation et l'action de grâces, à l'exemple de saint Louis-de-Gonzague. En prenant les ornements, je dirai avec un grand esprit de religion les prières qui les accompagnent, et me tiendrai de telle manière, avant la sainte messe, que personne n'ait envie de me parler et de m'interrompre sans motifs sérieux.

Après la sainte messe, rentrer chez moi et déjeuner, à moins que les besoins des fidèles ou d'autres causes ne me retiennent.

Après le déjeuner, lecture de l'Écriture-Sainte, durant une demi-heure ou vingt minutes au moins.

Préparer ensuite mes instructions, catéchismes, etc.

Étude de la théologie. J'y consacrerai un temps en rapport avec celui dont je pourrai disposer; outre les études nouvelles et plus approfondies auxquelles je devrai me livrer, je lirai chaque jour une dizaine de pages des traités que j'ai vus au Séminaire, soit dans l'auteur que j'y ai suivi, soit une quantité équivalente des notes qui le remplacent en certaines matières.

Dans la matinée, à l'heure qui me sera la plus

commode, faire une petite visite au saint Sacrement, si je dois habiter tout près de l'église ou bien une maison qui ait l'inappréciable avantage de le posséder.

Vers midi, examen particulier, précédé de la lecture d'un chapitre ou du moins de quelques versets du Nouveau-Testament.

Après le dîner, récréation et promenade durant une heure; réciter à la fin de la récréation une partie du chapelet, — la première partie, dans la matinée — et la dernière dans la soirée; — je déterminerai plus tard ces moments d'une manière fixe, autant que possible.

Après la récréation, vêpres et complies; — suivies de l'étude de la théologie ou de la préparation des instructions, etc.

Matines et Laudes, aussitôt qu'il est permis de les commencer; — s'il m'est possible, autant que faire se pourra, devant le saint Tabernacle; — profiter ensuite de cette occasion pour faire ma visite au saint Sacrement — autrement, je la placerai dans l'après-midi, à l'heure qui sera la plus convenable et autant que possible, toujours la même. Elle sera d'un bon quart d'heure; — y renouveler mon examen particulier et les résolutions de l'oraison.

Visiter ensuite les personnes auprès desquelles m'appellerait le devoir ou des motifs de charité.

En rentrant, faire ma lecture spirituelle; d'une demi-heure pour l'ordinaire, et de vingt minutes au moins.

Penser ensuite à mon sujet d'oraison.

Puis le souper; après lequel, délassement.

Dans la soirée, si je me trouve auprès de mes parents, me retirer de bonne heure; — prendre dès le principe mes habitudes à cet égard; — faire en rentrant quelques moments de récollection; — me remettre en la présence de Dieu; — penser ensuite au sujet d'oraison; — lire quelque chose de l'*Imitation*; — penser au bonheur qui m'attend le lendemain, d'offrir le saint sacrifice; — faire ma prière du soir et l'examen de conscience, selon la méthode du Séminaire; — être couché au plus tard à dix heures.

Repasser, en me couchant, le sujet d'oraison; — m'efforcer d'entrer, quelque temps avant de me coucher, dans un profond recueillement.

RÈGLES FONDAMENTALES.

Fréquentation du Sacrement de Pénitence, tous les huit ou quinze jours; — pratique assidue de la direction, tous les mois ou plus souvent, selon mes besoins.

Ne jamais manquer à prendre tous les mois un jour pour faire une revue de mes actions, me disposer à la mort et à mieux passer le mois suivant.

Prendre tous les ans une huitaine de jours pour faire ma retraite annuelle; me retirer pour cela dans une maison religieuse ou dans un séminaire, selon les circonstances.

Ne jamais manquer à aucun exercice de piété par ennui ou dégoût; n'y manquer que par nécessité; et dans ce cas, protester à Dieu de ma bonne volonté et ne pas me troubler.

Célébrer tous les ans les anniversaires de ma première communion, de la confirmation, du sous-diaconat, du sacerdoce et de ma première messe.

User d'une grande déférence à l'égard de mes confrères, et de toutes les personnes avec lesquelles je serai en rapport; — de beaucoup de ménagements et de réserve à l'égard des domestiques; — de douceur et de charité envers tous, sans exception.

Veiller avec le plus grand soin à ne pas laisser

l'esprit du monde et ses maximes s'infiltrer en moi ; — la lecture quotidienne du Nouveau Testament me servira de contre-poison, si j'en sais bien profiter et la faire avec foi.

Conserver toujours la gravité et la modestie ecclésiastiques ; ne jamais paraître, ni même adopter en mon particulier aucun vêtement autre que ceux dans lesquels un ecclésiastique doit se montrer devant le monde, c'est-à-dire avoir toujours la ceinture et le rabat ; — porter régulièrement la tonsure, et suivre scrupuleusement en tous points les statuts de mon diocèse ; ne jamais rien critiquer.

Dans mes conversations, avoir une gaîté douce et paisible ; éviter les propos légers, bouffons et autres de ce genre.

Conserver l'habitude de faire une petite mortification dans tous mes repas, notamment le vendredi et le samedi : ne jamais accorder à la sensualité ce qu'elle demande.

Lectures.

Lire souvent des vies de saints, notamment celles de saint Vincent-de-Paul, de M. Olier, de saint Charles Borromée et des saints les plus célèbres.

M'interdire toute lecture frivole et inutile ; avoir une grande indifférence pour les nouvelles politiques : *Regnum meum non est de hoc mundo.*

XV.

Sa dévotion pour la sainte Eucharistie.

Le moyen par excellence de fortifier et d'augmenter en nous la vie surnaturelle est la sainte communion. «Celui qui mange ma chair vivra pour moi (saint Jean, VI).

La piété de l'abbé Rencker se distinguait par un ardent amour envers la sainte Eucharistie. Elle était sa vie, sa consolation, sa joie; elle était le trésor de son cœur, le foyer lumineux et ardent d'où partaient, vers lequel convergeaient toutes ses peusées, tous ses sentiments, toutes ses œuvres. Son regard s'enflammait, son cœur se fondait, sa parole s'animait quand il traitait ce sujet dans ses instructions. Il communiquait à ses auditeurs le feu dont il était embrasé. Personne n'applaudit plus que lui à la pensée qu'eut Monseigneur d'établir dans son diocèse l'*Adoration perpétuelle* et l'*Archiconfrérie de la Communion-Réparatrice*. S'il s'estimait heureux dans sa vocation, c'était parce qu'elle lui procurait l'ineffable faveur de monter chaque jour à l'autel et de se nourrir du pain des anges. On pouvait dire de lui ce que l'on disait du Père de Ravignan, que *son âme vivait de l'autel* et que sa plus grande félicité était de passer chaque jour un temps considérable au pied d'un tabernacle. En effet, il n'y avait pas de jour qu'il ne fît sa visite au très-saint Sacrement.

Nous nous rappelons la résolution suivante qui se trouve dans son règlement de vie : «Je serai sans cesse en esprit aux pieds de Notre-Seigneur dans son saint Sacrement. Je ne quitterai jamais les saints tabernacles sans y laisser mon cœur. Je pratiquerai avec fidélité la pieuse coutume de visiter Notre-Seigneur. Jamais je ne passerai devant une église, où le saint Sacrement repose, sans lui donner au moins en passant une pensée de foi et d'amour, et si je puis entrer commodément dans l'église, je le ferai avec bonheur..... Je m'appliquerai, par tous les moyens qui seront dans mon pouvoir, à répandre la dévotion envers ce sacrement adorable.» Toute sa vie, il a été fidèle à cette règle. C'est dans ce commerce intime avec le Dieu eucharistique qu'il puisait cette connaissance de Jésus-Christ qui lui faisait regarder tout le reste comme de la boue pour n'aimer que lui. Son amour pour la sainte Eucharistie se révèle surtout dans les pages touchantes qu'il a communiquées aux annales du saint Sacrement, et qui ont pour titre : *Le Tabernacle et la lampe perpétuelle.*

Citons-en quelques passages : «Le tabernacle n'est-il pas le centre de la paroisse? La très-sainte Eucharistie est la vie de toute l'Église. O saint tabernacle, lieu de mystère, source de bénédiction, d'où découlent sur les fidèles le salut et la grâce !.... C'est là, Seigneur, que vous appelez à vous ceux qui sont fatigués, et que vous venez en aide à ceux qui s'approchent avec confiance. C'est là que les anges de la paroisse se tiennent en adoration et qu'ils implorent le secours pour les âmes dont ils ont la garde..... O pasteur, vas-y joindre tes prières à celles des anges ; elles porteront bonheur à ton troupeau.

«Le pasteur est le gardien du tabernacle. D'antiques prescriptions, souvent renouvelées, lui font un devoir de conserver lui-même la clef de ce lieu sacré. A lui d'assurer à Notre-Seigneur les hommages d'une foi vive, d'une vénération profonde ; à lui de traiter la sainte réserve avec le plus grand respect et de l'entourer de tout l'éclat et de toute la pompe dont il est capable. Que sans cesse il ramène les fidèles à ce trésor de toutes les grâces !....

qu'en toutes circonstances il avertisse ; il prie, il adjure son peuple, d'adorer respectueusement, dans la sainte Eucharistie, l'auteur de tous biens qui y est présent, d'y recourir, dans tous leurs besoins, par la communion ! Qu'il leur fasse voir, dans ce sacrement admirable, les preuves de l'amour sans bornes de Dieu envers nous, le testament perpétuel de la passion du Sauveur et le gage assuré de la vie éternelle.

«Mais c'est à cette source que le pasteur lui-même doit puiser sans cesse, pour que, par lui, les eaux vivifiantes se répandent sur le troupeau. Le héraut de la parole divine, dit saint Pierre Chrysologue, le dispensateur de la doctrine céleste se tient constamment devant le Seigneur, passe sa vie au pied des autels et ne s'écarte jamais des yeux de Dieu. Il se charge des intérêts des pécheurs, des souffrances du peuple et les présente au Seigneur avec ses supplications. Quel lieu donc pourrait être plus cher au prêtre que le tabernacle du Seigneur ! Que de joies, Seigneur, vous avez versées dans mon âme pendant les heures solitaires passées près de vous ! que de larmes vous avez séchées ! que de pesants fardeaux enlevés de mon cœur ! Oui, soyez-en loué et béni, vous m'avez assisté merveilleusement. Quand, dans les perplexités de mon ministère, je voyais, plein d'angoisses, une âme courir à l'abîme, vous avez été mon ami, mon conseil, mon soutien. Je publierai toute ma vie vos louanges et je ne manquerai pas un jour de me prosterner à vos pieds.»

XVI.

Son respect pour les saintes rubriques et les cérémonies de l'Église.

Tout ce qui avait rapport à l'auguste sacrifice était pour lui de la plus haute importance. Observateur sévère des saintes rubriques de l'Église, il voulait que tout, dans la célébration de la sainte Messe, se fît avec la plus grande décence et conformément aux règles.

«Les cérémonies de la liturgie catholique, écrivait-il, sont une admirable expression de la foi de l'Église: elles excitent la piété, raniment l'espérance et nous remplissent parfois d'un saint enthousiasme.

«Il était bien juste que l'Église entourât de ses pompes les plus solennelles l'auguste Sacrement qui est le centre de la religion, la source de la vie et la consolation la plus douce dans cette vallée de larmes; elle se propose en cela de remercier le Sauveur du don incomparable qu'il nous a laissé dans la divine Eucharistie. N'est-elle pas en effet le mémorial et l'abrégé de toutes les merveilles? *Memoriam fecit mirabilium suorum* (Ps. CX). N'est-elle pas le pain du voyageur dans le chemin de la vie, une protection contre les ennemis de notre âme, le remède à nos langueurs, à nos faiblesses?....

«Par ces saintes cérémonies, l'Église proclame sa foi et reconnaît que Jésus est au milieu de nous dans la réalité de son corps, voilé, il est vrai, sous les espèces eucharistiques, mais véritablement et substantiellement présent. Les cérémonies par lesquelles les Israélites honoraient la manne n'étaient qu'une représentation anticipée des honneurs dont l'Église entoure la divine Eucharistie.»

Après avoir raconté les honneurs que les Israélites rendaient à l'arche du testament, où se trouvait l'urne d'or qui renfermait la manne, il s'écrie: «Et vous, prêtres et lévites, vous tous, ministres du sanctuaire, vous qui prêtez à nos solennités l'harmonie de vos voix et qui chantez: *Hosanna au fils de David;* et vous, jeunes enfants, qui balancez l'encensoir devant le Dieu caché; vous aussi, pieux fidèles, qui faites monter vers le Ciel l'encens de vos adorations et de vos prières, n'êtes-vous pas plus heureux que les lévites et les chantres de l'ancienne loi? Ils ne voyaient que l'ombre et la figure, et vous possédez la réalité de cet admirable mystère.»

En 1858, l'abbé Rencker fut nommé chapelain du couvent et du pensionnat de Notre-Dame. Pendant six ans il édifia cette communauté par sa haute piété. Voici le témoignage que lui donnent les religieuses : «La foi vive de l'abbé Rencker pour le très-saint Sacrement se révélait dans son profond respect et son ardente dévotion pendant la célébration des saints mystères. Rien n'était plus touchant que de le voir monter à l'autel. Sa dignité et son profond recueillement étaient propres à inspirer la ferveur ; la manière intelligible et sentie dont il prononçait les paroles, ranimaient la foi dans tous ceux qui l'entendaient. Après la messe, il faisait toujours ses actions de grâces revêtu d'un surplis et dans une attitude qui témoignait de l'intimité de son entretien avec le Seigneur. — Cette ferveur éclatait encore davantage aux jours de fêtes. Alors on le voyait préparer lui-même tout ce qui devait servir à la célébration de la grand'messe. Il portait successivement à l'autel la clef du tabernacle, le missel, le calice, l'ostensoir, et il y avait dans tous ses mouvements une dignité, un respect qui frappaient ceux qui le voyaient. Il voulut s'occuper lui-même des enfants de chœur; aussi étaient-ils parfaitement dressés et les cérémonies se faisaient avec un ordre et un ensemble admirables. Il voulait qu'on ne chantât que du plein-chant et il profitait de toutes les occasions pour en inspirer le goût aux enfants, leur prodiguant des encouragements, des félicitations, quand elles avaient bien chanté. Il ne se contentait pas de leur inspirer la dévotion à la sainte Eucharistie par ses exemples et ses exhortations; il leur suggérait encore de pieux moyens de déployer leur zèle et leur adresse pour l'ornementation des églises pauvres, quand un jour elles seraient rentrées dans le monde. Il les exhortait à s'occuper de préférence à leur procurer de beaux linges, tels que des corporaux, des purificatoires, etc.; ces objets sont moins éclatants, disait-il, mais il y a d'autant plus de mérite d'en pourvoir les églises pauvres.»

Pour montrer combien il aimait la *beauté de la maison du Seigneur,* laissons-le nous dire les impressions qu'il rapporta d'un pieux voyage où il eut l'occasion de voir quelques belles églises :

«Quand on visite l'église de Saint-Loup, à Châlons-sur-Marne, on est singulièrement édifié d'y voir de nombreuses chapelles rivalisant d'éclat et de netteté, le pavé du sanctuaire d'une propreté qui annonce le zèle le plus actif pour la beauté des parvis du Seigneur. Dans cette édifiante paroisse, l'entretien des chapelles se transmet dans les familles comme un précieux héritage. Héritage précieux, en effet, puisque la gloire de Dieu et l'honneur du très-saint Sacrement en sont le digne objet. Nous rapportons ici ce dont nous avons été nous-même l'heureux témoin.

«Citons encore une pieuse dame, propriétaire d'un beau château dans le département de l'Aisne. Elle ne croit pas s'abaisser en balayant l'église et se tient honorée d'un office que n'accepterait pas l'orgueil du monde. Une autre dame qui habite un beau domaine non loin de Reims, assure par ses largesses l'entretien de la lampe du sanctuaire et se plaît souvent à la rallumer de ses mains.

«Ah! imitons le saint roi David; il ne pouvait se faire à la pensée que son Dieu n'avait pas de temple digne de la majesté divine. «Je n'entrerai pas dans l'intérieur de mon palais, disait ce roi-phophète, je ne monterai pas sur le lit de mon repos, je n'accorderai pas le sommeil à mes yeux ni l'assoupissement à mes paupières, jusqu'à ce que j'aie trouvé une demeure au Seigneur (Ps. 131).

«Dans les habitations des riches et des grands

brillent l'or et la soie; les vestibules de leurs demeures, les degrés mêmes qui mènent à leurs somptueux appartements, sont d'un irréprochable éclat; l'obscurité de la nuit en est bannie; la profusion des flambeaux y entretient une vive lumière; et cependant trop souvent, hélas! la maison de Dieu reste dans un déplorable abandon; le zèle du pasteur manque parfois des ressources nécessaires pour les besoins les plus urgents; la lampe du sanctuaire est éteinte, et l'étranger, témoin de cette désolation, se dit à lui-même: Dieu est-il là? Oui, sans doute, il y est, mais dans la pauvreté, dans l'abandon, dans les ténèbres. *La lumière luit dans les ténèbres et les ténèbres ne l'ont pas comprise* (saint Jean, I).

«Puissent ces tristes réalités stimuler notre zèle! Prêtres du Seigneur, nous que doit animer l'amour de sa gloire, et vous, pieux fidèles, persévérons, dans de communs efforts, afin de contribuer, selon nos moyens, à la beauté de ses parvis. «Seigneur, j'ai aimé la beauté de votre maison et la demeure où habite votre gloire. *Domine, dilexi decorem domus tuæ et locum habitationis gloriæ tuæ.*» (*Annales du saint Sacrement*, 4e année, 3e liv., p. 80.)

XVII.

Sa tendre dévotion pour la Mère de Dieu.

On se rappelle que, dès son enfance, Paul fut consacré à Marie. Il honorait et aimait la sainte Vierge comme une mère et mettait en elle toute sa confiance. Nous avons vu dans son règlement de vie, la résolution suivante : «Je m'appliquerai sans cesse à imiter les vertus de cette tendre mère, je lui confierai toutes mes peines, etc.» Il n'entreprenait rien sans se placer d'abord sous sa protection et sans invoquer son assistance. En 1852, il fit sa grande retraite au couvent de la Trappe à Œlenberg. Voici une page du cahier qui reçut ses pieuses impressions :

«C'est vous, ô ma tendre mère, qui m'avez inspiré la pensée de venir dans cette solitude pour y retrouver le calme et la tranquillité du cœur ; c'est vous qui avez guidé mes pas, qui m'inspirez aujourd'hui de saintes résolutions et qui, j'en ai la ferme confiance, m'aiderez à les garder fidèlement. Je sens donc, en ce moment, le besoin de les mettre sous votre protection. *Virgo fidelis, ora pro nobis.*

«La pensée dominante de ma retraite, le fruit que je me suis proposé d'en recueillir, c'est l'abandon le plus entier à la sainte volonté de Dieu. *Fiat voluntas tua ; non sicut ego volo, sed sicut tu.* Aussi ai-je été vivement touché de trouver dans ma petite cellule, au-dessus de ma table, ces mots, écrits comme une invitation qui m'aurait été spécialement adressée : *Vierge sainte, faites qu'en toutes choses ma volonté soit conforme à la volonté divine.* Oui, c'est là, mon Dieu, c'est là que tendront toutes mes prières et mes résolutions.

« Or, quelle est la volonté de Dieu ? C'est qu'en toutes choses, nous tendions, chacun selon la mesure de ses forces et conformément aux desseins de la divine Providence, c'est, dis-je, que nous tendions à la perfection : *Perfecti estote, sicut Pater vester cœlestis perfectus est.* Mais quoi, Seigneur, imiter vos perfections ! elles sont au-dessus de toute intelligence et de toute compréhension ! — Ne vous troublez pas, mon fils, ne vous inquiétez pas. N'avez-vous pas un modèle sous les yeux ? N'avez-vous pas mon divin Fils ? Lisez dans le saint Evangile les exemples qu'il nous a laissés ; sa vie était commune, et à part ses miracles, rien dans ses actions ne sortait de l'ordre commun ; ne vous dit-il pas : *Exemplum dedi vobis ut quemadmodum ego feci, ita et vos faciatis ?*

« Et puis, n'avez-vous pas sa mère, la bienheureuse Vierge Marie, qui est aussi votre mère ? Voilà certes un modèle bien accessible à votre faiblesse; sa vie a été bien simple, et cependant, combien parfaite !

« Je vous rends grâces, Seigneur, de m'instruire en ce moment et de toucher mon cœur. *Parlez, parlez, votre serviteur écoute. Domine, quid me vis facere ? — Paratum cor meum, Deus, paratum cor meum.*

« Parlez, Marie, parlez à votre enfant, qui dorénavant veut se montrer plus docile à vos instructions. Parlez, aussi, ô grand saint Joseph ; car vous êtes inséparable, dans ma pensée, de Jésus et de Marie. Que demandez-vous de moi ? »

Autant il aimait la sainte Vierge, autant il avait de zèle à propager son culte; il s'efforçait surtout d'inspirer cette dévotion aux enfants après leur première communion, comme un des moyens les plus efficaces de persévérer dans le bien. A cette fin il forma une association de prières entre les professeurs et les élèves de Saint-Arbogast.

Les noms des associés étaient déposés dans un cœur suspendu à l'autel de Marie. On s'obligeait à réciter tous les jours le *Sub tuum præsidium*, les uns pour les autres, afin d'obtenir la grâce de la persévérance finale. Mais laissons de nouveau la parole à l'abbé Rencker. Il nous dira toute sa tendresse pour Marie dans la touchante allocution qu'il adressa aux élèves, le jour de la fête de l'Immaculée-Conception.

«*Eja ergo, advocata nostra, illos tuos misericordes oculos ad nos converte.*» (Paroles du *Salve Regina.*)

«Bénissons Dieu et applaudissons au triomphe de Marie.

«C'est un noble et touchant spectacle de voir, dans les saintes Écritures, les enfants de la femme forte, se lever avec transport, se presser à l'envi autour de leur mère, admirer ses prérogatives, ses vertus, sa gloire, et publier hautement qu'elle est bienheureuse. Les étrangers eux-mêmes, saisis d'admiration et de respect, se levèrent aussi, joignirent leurs louanges à celles de cette famille privilégiée, et s'écrièrent : Oui, les grâces sont trompeuses ; la beauté est d'un éclat fragile ; mais votre sagesse et vos vertus, ô heureuse mère ! méritent seules une louange immortelle.

« Et nous aussi, nous avons une mère, nous ne sommes pas orphelins ici-bas : son nom nous est cher ; nous aimons sa gloire ; nous prenons plaisir à publier ses louanges ; nous connaissons ses jours de fête ; et c'est pour nous, en ce moment, une douce joie de nous unir à tous nos frères dispersés sur la face de la terre, pour célébrer en l'honneur de Marie, comme dans une fête de famille, la solennité du nouveau triomphe qui lui est décerné, et la proclamer enfin bienheureuse dans son Immaculée-Conception.

« Ceux-là mêmes qui, depuis longtemps peut-être, sont étrangers aux fêtes chrétiennes, attirés vers nous par la douceur du nom de Marie, par cette pieuse pompe, par cette lumière pure qui nous environne, et par l'harmonie de nos cantiques, se joindront à nos assemblées, et il n'y aura bientôt plus parmi nous qu'une voix et qu'un cœur pour redire à Marie un hymne d'admiration et d'amour.

« O très-douce Vierge ! ne dédaignez pas ces humbles chants de joie que vous entendez s'élever vers vous du fond de la vallée des pleurs ! — Pardonnez à notre amour faible et grossier ces louanges que nous vous bégayons dans un langage si imparfait! Mais il faut bien contenter notre cœur qui a besoin de vous louer.

«Hélas! parmi les douceurs mêmes des plus saintes allégresses, nous ne saurions oublier non plus nos profonds besoins et nos misères; mais nos maux trouvent en vous leur remède, et tous, d'une même voix, dans le sentiment qui nous presse, nous vous adressons avec confiance cette prière si pure et si fervente qui est la prière des pécheurs, et qui est aussi la prière des justes et celle de toute l'Église, pendant le pèlerinage d'ici-bas: *Salve, Regina!*

«Oui, vous êtes véritablement Reine par la gloire de cette incomparable alliance qui, vous faisant l'épouse immortelle de l'Esprit-Saint, vous a fait aussi la Mère du Fils de Dieu, c'est-à-dire de celui qui porte écrit en lettres d'or sur son vêtement: *Roi des Rois et Seigneur des Seigneurs!*

«Mais vous permettez à notre amour un nom plus doux et plus tendre; vous aimez que les enfants des hommes vous appellent leur mère; le sourire de l'amour maternel est toujours sur vos lèvres; vous ne régnez sur nous que par la bonté; la miséricorde éternelle, s'étant une fois donnée aux hommes par vous, ne cesse point de s'épancher sur eux par vous encore, et votre bouche pleine de douceur ne porte que des arrêts de clémence! Je vous salue donc, ô la plus douce et la plus miséricordieuse des mères! *Salve, Regina, Mater misericordiæ!*

«Oui, vous êtes notre joie, notre vie, notre douceur, notre chère espérance! *Vita, dulcedo et spes nostra, salve!*

«Hélas! malheureux enfants d'Ève, bannis du Ciel avec une coupable mère, nous ne savons presque ici-bas que faillir, gémir, faillir encore et gémir toujours! De cette terre de larmes, où nous languissons, à peine avons-nous pu interrompre quelques instants nos chants de tristesse pour célébrer vos triomphes: ah! écoutez favorablement les cris de détresse que du fond de notre exil nous poussons vers vous; ne rejetez pas nos gémissements et nos pleurs: *Ad te clamamus, exules Filii Evæ: ad te suspiramus gementes et flentes in hac lacrymarum valle!*

«O notre protectrice et notre Mère! abaissez en ce moment sur nous vos regards les plus tendres et les plus miséricordieux! *Illos tuos misericordes oculos ad nos converte!*

«C'est donc à vous, ô Marie, que nous crions; c'est vers vous que nous soupirons! voyez nos maux et hâtez-vous de nous secourir! O Mère! ô Mère! ne nous entendez-vous pas, et vos entrailles n'en sont-elles pas émues? *Misericordes oculos ad nos converte!*

«Abaissez vos regards les plus tendres sur tous ceux qui souffrent et qui pleurent ici-bas, sur les justes et sur les pécheurs, sur tous les hommes, sur toute la sainte Église catholique dont vous êtes la protectrice, et, au milieu de ses luttes et de ses douleurs, obtenez-lui la gloire, la beauté et les vertus des anciens jours.

«Abaissez-les en même temps sur ce diocèse, sur son pontife et sur tous ses prêtres. Intercédez pour nous auprès de votre Fils, le divin Pontife sans péché; qu'il fasse vivre à jamais dans les cœurs de ses ministres la grâce sacerdotale et les vertus apostoliques! Que les lumières de la foi leur donnent quelque chose de la sagesse et de la patience de Dieu!

«Et enfin, après avoir apaisé votre Fils, montrez-nous, ô Marie! ce fruit béni de vos entrailles, montrez-nous son doux visage et son doux regard; montrez-le nous pardonnant et bénissant: afin que, le voyant, nous croyions en lui, et que, croyant en lui, nous l'aimions, et que, l'aimant, nous ne péchions plus, et que, cessant de pécher, nous cessions aussi d'être misérables, autant qu'on peut, en ce triste monde, cesser de l'être; que la paix se fasse sur la terre entre la miséricorde et la justice; que la joie revienne avec l'innocence; que les fléaux cessent avec les crimes, et que des mœurs meilleures fassent luire pour nous de meilleurs jours!

«Et, après nous avoir montré ce béni Sauveur comme le remède et le divin médecin de tous nos maux, parmi les ténèbres et les douleurs de la terre, obtenez-nous, ô clémente, ô très-douce Mère! obtenez-nous par vos dernières supplications, la suprême grâce, celle de le contempler avec vous, après l'exil, dans les splendeurs du jour éternel et dans l'immuable félicité de la patrie! *Et Jesum benedictum fructum ventris tui, nobis post hoc exilium ostende!*

«Tel est le dernier vœu de notre cœur; nous le déposons dans le vôtre, ô très-douce Vierge Marie! *O pia! ô clemens! ô dulcis virgo Maria!*»

XVIII.

Sa charité, son humilité, sa douceur.

Nous avons lu quelque part qu'un religieux, se sentant mourir, éprouvait une grande joie en pensant qu'il allait bientôt paraître devant son Dieu. Son supérieur craignit qu'il n'y eût dans cette disposition quelqu'illusion du démon, peut-être de la présomption, et il en fit l'observation au mourant. «Ne vous en étonnez pas, mon Père, lui répondit le religieux avec simplicité; Notre-Seigneur m'a fait dire par mon bon ange que j'irai au Ciel parce que je n'ai jamais pensé ni dit de mal de personne; car il est écrit : *Ne jugez pas et vous ne serez pas jugé.*» Toutes les personnes qui ont pu approcher l'abbé Rencker dans sa dernière maladie, ont été frappées du grand calme, de la joie extraordinaire qui rayonnaient sur son front. Son âme, si éprouvée, durant sa vie, par des craintes excessives, jouissait d'une paix profonde et surabondait de consolations en présence de l'éternité. «Je souffre beaucoup, nous disait-il ; mais Notre-Seigneur me dédommage amplement par d'ineffables consolations.» Cette confiance, nous en sommes convaincu, a été la récompense de sa grande charité ; car lui aussi n'avait jamais jugé personne. Son cœur était trop bon pour supposer le mal dans les autres ; jamais, en conversation, il ne lui échappa un seul mot de blâme contre les absents. Il était, sous ce rapport, d'une délicatesse extrême. Il souffrait visiblement quand quelqu'un disait du mal de son prochain, lors même que les faits étaient vrais et de notoriété publique, et s'il ne pouvait empêcher la conversation, il tâchait au moins d'excuser les intentions. Dans ses rapports avec les autres, il évitait avec soin tout ce qui pouvait leur faire de la peine.

Nous trouvons dans ses écrits la résolution suivante :

«Je m'attacherai à pratiquer la douceur envers tous ; mais surtout à l'égard de mes confrères, *honore invicem prævenientes*. Je m'abstiendrai de toute raillerie et de toute critique et ne craindrai rien tant que de m'arrêter à considérer les défauts des autres ; j'arrêterai au contraire ma vue sur mes fautes de tous les jours et je demanderai souvent à Dieu de me les faire connaître toujours mieux.»

Il possédait tellement son âme dans la patience, que jamais on ne put surprendre en lui un de ces mouvements brusques de vivacité qui échappent aux personnes même les plus vertueuses. Toujours affable, bon, prévenant, plein d'attention et de déférence envers tous, il était heureux de rendre service, et cette charité avait son principe dans l'humilité.

Il avait une haute estime pour cette vertu qu'il regardait comme le fondement de toutes les autres, et il s'y exerçait constamment. Il avait lu et relu la vie de M. Olier : il se rappelait de lui plusieurs maximes, surtout celle-ci : *Omnium me servum feci ut plures lucrifacerem. Je me suis fait le serviteur de tous pour gagner un grand nombre à Jésus-Christ.*

Il s'était fait une règle de ne jamais parler de lui-même ni en bien ni en mal ; car il craignait, en disant du mal de lui-même, de provoquer une parole de louange. Ennemi déclaré de la flatterie, il s'attachait de préférence à ceux de ses amis qui avaient le courage de le reprendre et de contredire ses idées. Son humilité le portait à s'effacer sans cesse, à rechercher de préférence les occupations moins remarquées, déclinant celles qui pouvaient mettre en évidence ses talents et son mérite. Son humilité était égalée par sa soumission envers ses supérieurs ecclésiastiques : «Je ne rechercherai jamais aucun emploi ni aucune fonction, écrivit-il à sa mère ; je m'abandonne sans réserve à la direction de mes supérieurs. Quelque part que mon évêque m'envoie, j'y serai heureux et content ; car je serai dans l'ordre de la Providence en obéissant avec simplicité et avec amour. Cette conviction bien établie dans l'esprit est, pour le prêtre, la source d'une grande paix et d'une grande joie intérieure.»

Voici une autre de ses pensées : «Loin de nous toute idée d'amour-propre, de vanité : tout pour la plus grande gloire de Dieu ! Ne soyons pas comme ces hommes qui reçoivent leur récompense ici-bas dans la satisfaction de leur vaine gloire, *receperunt mercedem suam, vani vanam.* Dieu seul ! Dieu seul ! telle était la maxime du pieux archidiacre d'Evreux, M. Boudon, et j'ai pu me convaincre par la lecture de sa vie s'il l'a mise en pratique.»

De même qu'il détestait la vanité, il avait aussi en horreur toute espèce de luxe. Élevé au sein de la fortune, habitué dès son enfance à demeurer dans des appartements somptueusement meublés, il s'appliquait à détacher son cœur de toutes ces choses : il se reprochait sans cesse de ne pas pratiquer assez la pauvreté du Dieu de Bethléhem. Ayant obtenu de sa mère la permission d'occuper pendant les vacances un appartement situé au troisième, il lui en exprime toute sa reconnaissance.

«Pour, moi, écrivit-il, je me trouverai heureux d'avoir une chambre moins somptueuse ; car le contraste est trop grand entre mon ancien appartement et la cellule que j'occupe au Séminaire. Je me verrais avec le plus grand plaisir colloqué au troisième. Vous voudrez donc me disposer cette chambre, et pour cela, je vous prierai, ma chère maman, d'enlever une partie notable des fresques qui la garnissent: je vous serais bien obligé de me déguiser habilement la glace qui s'y trouve; il est plus convenable de n'en point avoir et de se contenter d'un petit miroir. Je ne dois plus me regarder qu'à l'intérieur, pour tâcher de voir clair plus tard dans celui des autres avec les lumières de la science et de la grâce. Une partie essentielle de mon mobilier devra consister dans une petite table carrée; une commode de petite dimension devra être substituée à celle qui tenait une plus grande place.....»

Cette haute estime qu'il avait pour la vertu de pauvreté, il la professait pour les pauvres eux-mêmes, qu'il regardait comme les amis et les représentants de Jésus-Christ, du Dieu qui a voulu se faire pauvre par amour pour nous, *egenus factus est cum esset dives* (2 Cor., VIII). Pas un malheureux qui eut recours à la charité du bon prêtre, ne s'en retourna les mains vides; mais il ne se bornait pas à cette aumône matérielle, il avait soin de s'informer de la situation morale des familles; il pénétrait dans les habitations, où il découvrait quelquefois de profondes misères, des désordres de tout genre, auxquels il parvenait, le plus souvent, à remédier par sa grande bonté et par son zèle. Il assistait les pauvres de ses conseils, les exhortait à remplir leurs devoirs religieux, et ramenait dans la famille, avec la religion, des habitudes de travail et d'ordre, et par suite, le bonheur. Il s'intéressait toujours à quelque jeune homme qu'il plaçait en apprentissage pour qu'il pût devenir le soutien de sa famille. Nous parlerons plus tard des sacrifices qu'il s'imposait et des peines qu'il se donnait pour faciliter aux enfants pauvres, mais heureusement doués, les moyens de faire leurs études secondaires, lorsqu'il les croyait appelés à l'état ecclésiastique. Enfin les dispositions qu'il prit peu avant sa mort disent mieux que nos paroles combien son cœur savait compâtir à toutes les misères de l'humanité souffrante.

Nous ne pouvons omettre ici un trait qui prouve sa simplicité en même temps que sa prévoyance. C'est un de ses amis qui raconte:

«Un jour il vint me prendre pour faire une promenade. En passant dans la rue des Mineurs, son pied heurte quelques débris de verre cassé: «On ne devrait pas laisser cela, dit-il, de petits enfants pourraient, en passant ici, se blesser.» A peine a-t-il parlé, qu'il se baisse et ramasse çà et là les fragments épars pour les mettre de côté.»

Plus d'une fois il alla trouver un agent de police pour lui signaler des pots à fleurs exposés en dehors des fenêtres et menaçant de tomber sur les passants. S'il voyait un battant de volet de rez-de-chaussée qui pouvait rencontrer la tête d'un passant, il se mettait lui-même à en fixer le tourniquet.

XIX.

Zèle de l'abbé Rencker.

Le prêtre qui est animé de l'esprit de Jésus-Christ, qui vit de sa vie et se nourrit chaque jour de sa chair adorable, ne saurait rester dans l'inaction. Notre-Seigneur, en se donnant à lui, communique à son cœur ce feu mystérieux qu'il est venu apporter à la terre, *ignem veni mittere in terram* (saint Luc, XII, 49) ; or, de même que le feu matériel est un principe de force et d'activité, ainsi l'amour veut essentiellement agir, il est dans sa nature de se dévouer, et ce dévouement va jusqu'à l'immolation. *Charitas Christi urget nos* (2 Cor., V, 14), *l'amour de Jésus-Christ nous presse*, s'écrie le grand apôtre, et il ajoute que Jésus-Christ étant mort pour tous, nous devons, comme lui, mourir et nous immoler. *Unus pro omnibus mortuus est, ut qui vivunt, jam non sibi vivant, sed ei qui pro ipsis mortuus est.* Telle est la mesure que doit avoir le zèle du vrai prêtre de Jésus-Christ, *animam dat pro ovibus suis;* il donne sa vie pour les âmes qui lui sont confiées. Les lignes suivantes, écrites après une retraite faite au grand Séminaire de Strasbourg, nous disent assez qu'elle idée l'abbé Rencker avait du prix des âmes :

«S'exercer constamment au zèle pour le salut des âmes; — se donner, se dépenser, s'oublier soi-même, *non quærit quo sua sunt sed quæ Jesu Christi* (1 Cor. XIII, 5). — Une seule âme sauvée vaut bien les fatigues et les peines de toute une vie. Cette âme glorifiera Dieu pendant toute l'éternité. — S'exercer au zèle *pur*, dégagé de toute recherche personnelle : telle est la principale qualité que doit avoir le dévouement du prêtre, *non quærit quæ sua sunt.* — Jésus-Christ court après la brebis égarée. Il est patient, doux, plein de condescendance..... Ah ! qui me donnera le zèle pour le salut des âmes, sinon celui qui a tant aimé les âmes et qui les a achetées au prix de son sang ?»

L'abbé Rencker, nous l'avons vu, avait une foi vive en la présence réelle de Notre-Seigneur dans l'Eucharistie. C'est à ce foyer brûlant que son cœur s'embrasait, que son zèle s'enflammait. Il pouvait dire avec saint Pierre : *Domine tu scis quia amo te. Seigneur, vous savez que je vous aime.* De là le désir qu'il avait de faire connaître et aimer Jésus-Christ et d'étendre son règne sur la terre. Il se préoccupait sans cesse du mal qu'il apercevait dans le monde et qu'il aurait voulu empêcher; il s'affligeait de l'isolement où il voyait le prêtre séculier. L'association lui paraissait un moyen nécessaire pour s'opposer avec succès au progrès du mal.

Il avait lu la vie du vénérable Barthelmy Holzhauser, écrite par M. l'abbé Gaduel, et la lettre admirable de Mgr Dupanloup qui sert de préface à cet ouvrage. On sait que Holzhauser a fondé au commencement du siècle dernier l'*Institut des clercs séculiers vivant en communauté*. Le bien que cet humble serviteur de Dieu a réalisé par cette association est raconté dans le livre que Mgr d'Orléans recommande à l'attention de son clergé. Les réflexions que fait le savant prélat sont frappantes de vérité et firent une profonde impression sur l'esprit de l'abbé Rencker.

L'évêque d'Orléans dit que l'isolement où vit le clergé séculier affaiblit son action ; ce qu'il faudrait pour le rendre fort, c'est l'association. Par l'isolement le prélat entend l'individualisme, la division des intérêts, le défaut d'entente et de concert pour agir, l'éparpillement des forces. Le clergé séculier ne fait pas corps autant qu'il le pourrait et le devrait, et c'est ce qui le rend faible. On se demande : Comment expliquer les services immenses que les ordres religieux ont rendus à la science, aux beaux arts, à l'agriculture, etc., etc.? Le secret de leur force est dans l'association, dans l'unité de vue; une œuvre ne mourait pas avec celui qui la fondait. «Associez-vous, s'écrie Mgr Dupanloup, et vous serez aussi forts que les prêtres réguliers ; vous serez plus utiles qu'eux au service de Dieu et des âmes, parce que les moyens d'action dont vous disposez sont incomparablement plus grands.»

L'abbé Rencker comprit quel bien l'on pourrait réaliser en faisant revivre l'œuvre de Holzhauser. Il s'en préoccupait sérieusement.

Voici comment il s'exprima dans une lettre adressée à l'un de ses amis :

«Combien ne serait-il pas à désirer que les prêtres se vissent plus souvent pour conférer entre eux sur les besoins des temps actuels! Nous vivons trop isolés, le clergé séculier agit d'une manière limitée ; on serait plus fort et l'on étendrait son influence en unissant ses efforts et en agissant avec entente. Oh! j'aurais tant de choses à vous dire là-dessus. — Venez donc me voir, etc., etc.»

Il est convaincu que pour convertir les âmes, le

meilleur zèle ne peut rien, si Dieu ne donne sa grâce et que la grâce s'obtient par l'humble prière. Dans une lettre adressée à sa mère, il parle de fréquents retours à la foi dont l'Angleterre nous donne le consolant spectacle, puis il continue ainsi :

« Prions souvent pour la conversion de l'Angleterre.... Dieu veut le salut de tous les hommes, c'est l'apôtre qui le dit; mais ce même apôtre veut que des prières se fassent pour que tous les hommes arrivent à la connaissance de la vérité.

« Une grande sainte, Catherine de Sienne, si je ne me trompe, sut un jour par révélation que ses prières avaient obtenu la conversion d'un nombre infini de sauvages, au salut desquels avaient travaillé les missionnaires.....

« Il est telle âme cachée dans le monde qui, par ses gémissements et ses prières, prépare le succès de la parole évangélique aux divers prédicateurs chargés de l'annoncer aux hommes.

« ..... Unissons-nous donc plus étroitement que jamais et demandons le retour de tant d'âmes qui vivent loin de Dieu..... »

XX.

Œuvres auxquelles s'exerçait son zèle.

Association pour la sanctification du dimanche. — Librairie catholique.

Deux choses affligeaient profondément son cœur de prêtre: la profanation du dimanche et la propagation des mauvais livres qui, comme un déluge, inondent le monde et causent les plus terribles ravages dans les âmes. Pour s'opposer au premier de ces fléaux, il eut la pensée de fonder une association pour la sanctification du dimanche. Un assez grand nombre de personnes se firent inscrire ; mais son zèle rencontra aussi de nombreux obstacles qui ne purent le décourager.

Il entrait lui-même dans les magasins qu'il voyait ouverts le dimanche, engageait les propriétaires à fermer, leur promettant la pratique des personnes de sa connaissance, et les assurant de la bénédiction de Dieu. Il parlait avec tant de bonté et un tel accent de conviction que rarement on résistait à ses conseils. Ce courage a de quoi étonner quand on sait que l'abbé Rencker était naturellement très-timide et d'une rare discrétion ; mais rien n'égalait son intrépidité chaque fois qu'il s'agissait de la gloire de Dieu.

Nous disions que la vente et la circulation des livres immoraux et impies étaient un de ses grands soucis. Il était profondément convaincu que le dépérissement de la foi et des mœurs avait pour cause la lecture de ces ouvrages que le génie du mal enfante avec profusion pour perdre les âmes. Aussi leur avait-il déclaré une guerre incessante, les poursuivant partout où ils se glissaient. Il vint un jour nous faire part d'une pensée qu'il eut de fonder une librairie catholique faisant le commerce de tous les bons ouvrages français et allemands, de littérature, de théologie, d'histoire, de piété, etc., etc., et donnant l'exclusion à tout livre qui n'aurait pas reçu l'approbation de l'autorité ecclésiastique. Les prêtres et les fidèles devaient s'engager à soutenir cette œuvre, qui aurait eu de plus à sa disposition une imprimerie, pour propager, autant que possible, les bons ouvrages et opposer une forte digue à la propagande impie qui nous menace de tout côté. L'exécution d'un tel projet n'était pas facile ; mais le zèle du bon prêtre ne se déconcerta point, et il l'aurait probablement réalisé si Dieu avait prolongé ses jours.

Le trait suivant nous fait voir jusqu'où allait son zèle. Passant un jour devant une librairie, il aperçut, à travers la vitrine, le livre de Renan, de triste célébrité. Il délibère un instant : je vais commettre une indiscrétion, se dit-il, je m'expose peut-être à être éconduit par le libraire — n'importe! Notre-Seigneur est blasphémé dans ce livre, qui suis-je pour reculer devant une humiliation — une insulte peut-être? Aussitôt, après avoir récité un *Ave Maria*, il entre dans le magasin; il cherche à faire comprendre au libraire la responsabilité qu'il assume, en se prêtant à la propagation d'un ouvrage qui attaque le christianisme dans ses fondements; il mit tant de délicatesse et de formes dans son langage que le libraire, ému, retire à l'instant le livre de la vitrine, et promet de ne plus l'exposer.

XXI.

L'Œuvre des Lampes.

Un jour, un bon curé de campagne vint lui parler de l'état de dénûment où était son église et l'engagea à venir s'en convaincre par ses propres yeux. Le pieux abbé accepta l'invitation. Quelle ne fut pas sa douleur quand il vit que le curé était resté bien au-dessous de la réalité : une église presque en ruines servant aux deux cultes ; un misérable réduit sous la tour tenant lieu de sacristie ; des ornements en lambeaux ; pas de lampe devant le saint Sacrement ! Le saint prêtre revint le cœur navré : il venait de constater un état de choses qu'il avait cru impossible, et il songea aussitôt à y remédier. Il sut intéresser quelques âmes généreuses à cette église, donna lui-même une assez forte somme pour la pourvoir des objets les plus indispensables ; mais son zèle ne s'arrêta pas là. Il proposa à Monseigneur de fonder l'œuvre des lampes, telle qu'elle existait déjà dans plusieurs diocèses. C'était prévenir les vœux du prélat qui s'empressa d'approuver l'œuvre et en confia la direction à celui qui en avait eu la première pensée.

L'abbé Rencker commença par adresser un chaleureux appel aux fidèles. Citons-en quelques passages :

«C'est à vous que s'adressent ces paroles, pieux fidèles, qui êtes animés de la foi la plus vive, de l'amour le plus ardent pour le Dieu caché de l'Eucharistie ; à vous qui avez été initiés, par la fréquente communion, aux mystères de son ineffable amour, et qui connaissez l'inépuisable trésor de grâces que le Seigneur nous a laissé dans ce mémorial de ses merveilles ; à vous enfin, exilés dans la vallée des larmes, qui puisez dans la divine Eucharistie vos joies et vos consolations les plus douces et la regardez comme votre trésor le plus précieux et le plus cher.

«Nous savons d'avance que nous serons compris de vous, et que vous serez heureux de participer à une œuvre dont le but est d'entretenir, de fortifier la foi et la dévotion envers le très-saint Sacrement. Plus d'une fois déjà, nous avons été témoin de votre zèle et de votre pieuse générosité. Nous vous avons vus, à l'occasion des solennités de l'Adoration perpétuelle, préparer un triomphe au Seigneur et manifester de la manière la plus éclatante votre foi en la présence réelle. Cela est beau, cela est digne d'éloge. Mais, vous l'ignorez peut-être, au moment où l'Adoration perpétuelle est célébrée avec la plus grande pompe dans vos cités opulentes et dans vos bourgades, tandis qu'à l'office du soir le très-saint Sacrement resplendit au milieu de cierges étincelants, on voit de pauvres églises de villages où ne luit pas même la lampe du sanctuaire; là, l'indigence du curé et des paroissiens est telle qu'à peine peut-on subvenir aux frais les plus indispensables du culte.

«Et cependant, le Dieu qui réside dans ces pauvres églises, n'est-il pas aussi votre Dieu? N'est-ce pas le Dieu qui demeure dans vos splendides cathédrales? Pourriez-vous voir avec indifférence cet état d'humiliation et d'oubli?»

Après avoir expliqué le but de l'œuvre et rapporté les prescriptions du Saint-Siége qui sont des plus formelles pour l'entretien de la lampe devant le tabernacle, il continue: «Comment exprimer le sentiment de tristesse qui s'empare de l'âme, lorsqu'on entre dans une église où l'on ne voit pas briller la lampe du sanctuaire? Que tout y semble mort! N'est-on pas tenté de dire: *Ubi est Deus tuus?* Où donc est leur Dieu? Suis-je en pays catholique? Si, au contraire, la lampe brille dans le sanctuaire, c'est pour le chrétien un symbole saisissant qui lui annonce la présence de son Dieu.....

«Après que les fidèles ont offert à Dieu, dès le matin, le tribut de leurs hommages, en assistant à la sainte messe, remplis d'une nouvelle force, ils vont se livrer à leurs travaux. L'église se vide insensiblement, la voilà déserte, il n'y reste plus un seul adorateur. Cependant, la lampe est toujours là devant le tabernacle; elle continue, dans le silence, les hommages et les adorations de la paroisse, et semble présenter au Ciel les pieuses prières, les soupirs et les vœux secrets des cœurs unis à Dieu. Et lorsque certaines âmes plus ferventes de la paroisse reviennent à l'église, à l'heure du crépuscule, faire leur visite au saint Sacrement, elles retrouvent encore la lampe scintillant dans le sanctuaire; et tandis que l'obscurité qui se répand dans l'église ne laisse apercevoir que l'autel et son tabernacle éclairés par la lumière vacillante de la lampe, quand le bruissement du vent qui fait trembler les fenêtres se fait seul entendre, oh! qu'en ce moment un cœur croyant se trouve à l'aise près des saints tabernacles!

«Il commence à faire nuit. Le sacristain vient sonner l'*Angelus;* mais il ne se retire qu'après avoir visité la lampe. Il en dispose la mèche, et, tout en y versant de l'huile, il semble dire: «Chère petite «flamme, veille fidèlement durant la nuit entière; «demain matin, brûle encore; car tu devras fournir «la lumière pour le saint sacrifice.» Ah! si les sacristains avaient tous une foi vive! s'ils connaissaient bien la signification de ce symbole, les verrait-on négliger le soin de la lampe ou l'abandonner à l'incurie d'un enfant? Cependant la flamme se ranime, elle brille d'un éclat d'autant plus vif qu'il fait plus sombre dans l'Église. Déjà les portes sont fermées; les ténèbres plus épaisses se répandent aux alentours; les paroissiens sont plongés dans un profond sommeil; seule, devant le saint Sacrement, la lampe veille encore. Oh! la belle et touchante image de celui qui est venu dissiper les ténèbres du monde! Bienheureuse lampe! que ton sort est digne d'envie, et qu'il me serait doux de pouvoir, ainsi que toi, demeurer constamment auprès de Jésus.»

L'appel du bon prêtre fut entendu; Dieu bénit ses généreux efforts, et l'œuvre des lampes fut parfaitement accueillie; les aumônes affluèrent en abondance, et à l'heure qu'il est, il n'y a pas de sanctuaire, si pauvre qu'il soit, où la lampe ne soit entretenue jour et nuit devant le tabernacle. Il a été même possible de pourvoir un grand nombre d'églises de linge, de calices, de ciboires et d'autres objets nécessaires à la célébration des saints mystères.

Qu'il nous soit permis d'exprimer ici le vœu que cette œuvre si belle et si utile continue à prospérer pour l'honneur du Dieu Emmanuel. La direction en a été confiée à un prêtre, ami de feu M. Rencker, qui, nous en sommes sûr, s'y dévouera avec le même zèle que son prédécesseur.

XXII.

La Confrérie du Bon-Pasteur.

Bientôt une autre œuvre devait exercer la pieuse activité du bon prêtre. M. l'abbé Mühe, épuisé par le travail, par l'âge et les infirmités, sentait depuis quelque temps ses forces considérablement diminuer. Une première maladie sérieuse l'avait obligé d'interrompre le ministère de la prédication qu'il exerçait depuis plus de quarante ans à la Cathédrale. Après cette maladie, Dieu lui rendit assez de force pour pouvoir remonter dans cette chaire si aimée, où Dieu avait si longtemps béni sa parole, mais il dut abandonner à d'autres la direction de la confrérie du Bon-Pasteur et celle de l'École normale. L'abbé Rencker était connu de M. Mühe, qui l'estimait et l'affectionnait beaucoup pour ses éminentes qualités. Il connaissait surtout son grand zèle et son amour pour la jeunesse. Il demanda donc et obtint que l'abbé Rencker fût chargé de la direction de la confrérie du Bon-Pasteur.

Une difficulté se présenta : il s'agissait d'adresser tous les dimanches aux congréganistes la parole en allemand ; or, cette langue n'était nullement familière à l'abbé Rencker ; mais son zèle ne recula pas devant cet obstacle. Il se mit courageusement à l'étude, et grâce à sa facilité et à l'énergie de sa volonté, il parvint bientôt à surmonter les premières difficultés. Son bonheur fut grand quand il put, pour la première fois, annoncer la parole de Dieu à son nouvel auditoire dans une langue qu'il n'avait presque jamais parlée. Toutes les instructions adressées à ces jeunes gens ont été écrites et apprises presque mot à mot par cœur. Pour entreprendre une pareille tâche, il ne fallut rien moins que son grand désir de sauver des âmes. Cependant sa sollicitude ne se borna point à la prédication ; à l'exemple du Bon-Pasteur, qui connaît ses brebis, il voulait connaître chacun des congréganistes ; il allait les voir à domicile, se mettait en rapport avec les parents, les priait de le seconder pour la bonne direction de leurs fils. Tant de bonté et de dévouement ne pouvait manquer de lui gagner les cœurs de ces jeunes gens, aussi l'aimaient-ils comme leur père. La direction de cette confrérie avait d'autant plus d'attrait pour l'humble prêtre que c'était une œuvre bien modeste et qu'elle lui procurait l'occasion d'avoir de fréquents rapports avec les pauvres. Il aurait voulu s'y dévouer exclusivement; mais la Providence lui réservait un poste, où ses talents pouvaient être plus utilement employés.

XXIII.

Étude de l'Écriture-Sainte, de la patrologie. — Sermons. — Catéchismes.

L'Écriture-Sainte était l'aliment dont il nourrissait journellement son esprit et son cœur, se rappelant cette parole de saint Jérôme : *Divinas scripturas lege; nunquam de tuis manibus sacra lectio deponatur.* Voici quelle était sa méthode : Après avoir prié l'Esprit-Saint de lui ouvrir le sens des saintes Écritures, il lisait d'abord un chapitre dans le texte de la Vulgate; il le relisait ensuite dans une traduction approuvée, puis, reprenant la même lecture en latin, il cherchait à comprendre les passages difficiles en se servant des commentaires autorisés par l'Eglise; il prenait enfin des notes sur ce qui l'avait particulièrement frappé. Indépendamment de cette étude, il méditait chaque jour à genoux quelques versets de l'Évangile, tant il avait de respect pour la parole de Dieu. Sa lecture de prédilection étaient les épîtres de saint Paul : il les apprenait par cœur et cherchait à se pénétrer de la sublime théologie qu'elles renferment.

L'étude de la patrologie n'avait pas moins de charme pour lui, à en juger par les nombreux extraits qu'il a faits des écrits des saints Pères, particulièrement de saint Jean-Chrysostôme et de saint Augustin. Quand il lisait un livre, c'était toujours la plume à la main. Tous les maîtres recommandent cette méthode; le Père Lacordaire la lui avait conseillée particulièrement, pour l'avoir pratiquée lui-même avec avantage.

Par cette double étude de l'Écriture et des Pères, l'abbé Rencker acquit un riche fond de pensées dont il savait profiter dans ses sermons.

Il avait de plus l'esprit d'oraison à un degré éminent, il était doué d'une excellente mémoire, d'une remarquable facilité d'élocution, autant de qualités qui font le véritable prédicateur. Sa parole était nette, bien accentuée, et au point de vue de l'orthodoxie, d'une scrupuleuse exactitude. S'il négligeait les formes de la rhétorique, il y avait toujours de l'enchaînement, de la méthode dans ses idées. Jamais il ne visait à l'effet; il cherchait avant tout à instruire et à porter la conviction dans les cœurs. Son débit était simple, quelquefois animé, chaleureux, mais évitant avec soin tout ce qui se rapproche de la déclamation. Il n'aimait pas les discours d'apparat, le genre familier était plus conforme à ses goûts.

Nous avons de lui peu de sermons entièrement écrits; mais un grand nombre de canevas. Quand il devait prêcher, il commençait par se pénétrer de son sujet, puis il arrêtait son plan en classant ses principales idées, lisait quelques textes de l'Écriture et des saints Pères ayant trait à la matière; le reste se faisait le plus souvent pendant qu'il se promenait; mais jamais il ne montait en chaire sans avoir prié; car il était intimement convaincu qu'il appartenait à Dieu seul de toucher les cœurs. On voit, d'après cela, que la méthode de l'abbé Rencker n'était pas l'improvisation absolue. C'était celle que recommandait Fénélon, et que le Père Lacordaire a toujours pratiquée. Ses sermons étaient médités, préparés; s'il ne les écrivait pas, c'est parce que la grande facilité avec laquelle il s'exprimait pouvait l'en dispenser.

Mais il y a un genre d'apostolat qu'il préférait à la prédication et qu'il affectionnait tout spécialement, c'était de faire le catéchisme aux enfants. Il avait lu et relu la vie de saint Charles Borromée. Ce qu'il admirait le plus dans cette vie, c'est que ce grand cardinal, neveu d'un pape, ne trouvait pas au-dessous de sa dignité de réunir les petits enfants et de leur expliquer le catéchisme. Ce modeste rôle de catéchiste lui convenait d'autant plus qu'il y trouvait le moyen de faire, sans aucun éclat, un grand bien.

Il excellait dans l'art si difficile de se mettre à la portée des jeunes intelligences ; il savait rendre son enseignement attrayant en y mêlant toujours quelque anecdote piquante, excitant, par ce moyen, l'attention des enfants sans la fatiguer, et le petit auditoire, en rattachant la doctrine de l'Église à quelque trait historique, la retenait plus fidèlement. On peut voir au couvent de Notre-Dame un magnifique cahier où sont inscrits avec soin les résumés des instructions de l'abbé Rencker. La calligraphie et la peinture se sont exercées à illustrer ce cahier de charmantes vignettes, à en faire un véritable objet d'art ; mais ce qui donne à ce recueil sa plus grande valeur, c'est que la doctrine catholique y est exposée avec une clarté et un ordre admirables. Les religieuses conservent ce monument comme un précieux souvenir du zèle et de l'esprit d'ordre de leur chapelain. Quand on sait quel travail fatiguant lui imposaient les nombreux catéchismes qu'il faisait à Saint-Arbogast et à Notre-Dame, on se demande comment il pouvait trouver encore assez de force et de temps pour réunir, plusieurs fois par semaine, les petits enfants, particulièrement ceux de sa parenté, afin de leur apprendre les prières et les premiers éléments de la doctrine chrétienne.

Dans ses instructions catéchistiques, comme dans ses sermons, il n'avançait rien qui ne fût parfaitement d'accord avec la doctrine de l'Église. Il regardait comme un des premiers devoirs du prêtre celui de veiller avec soin à la pureté de la foi, *depositum custodi*. S'il lui arrivait d'entendre, en conversation, quelque proposition malsonnante, quelque expression peu exacte au point de vue du dogme, il la relevait aussitôt, en se servant du terme consacré par la théologie.

S'il trouvait entre les mains d'un de ses élèves un livre d'une orthodoxie douteuse ou renfermant la moindre erreur contre la foi, il était impitoyable à en interdire la lecture. Il usait, dans ce cas, de toute l'autorité que lui donnaient son caractère de prêtre et la confiance qu'il savait inspirer à la jeunesse.

Dans une visite qu'il fit un jour à un de ses anciens élèves, il aperçut sur la table un livre dont la lecture pouvait avoir quelque danger. Aussitôt il mit la main dessus, en disant : «Je vais examiner cela.» Le lendemain il envoyait au jeune homme un bel ouvrage de sa bibliothèque avec ce mot: «Voici, cher ami, ce qui vous sera plus profitable.»

Mais rien ne prouve mieux sa sollicitude à conserver intact le dépôt de la foi que la note suivante, qui se trouvait jointe à ses écrits :

«Je désavoue, rétracte, réprouve et condamne avec la sainte Église catholique, apostolique et romaine, tout ce qui, dans les papiers que j'ai laissés ou que je laisserai plus tard, ne serait pas d'accord avec son enseignement. — PAUL RENCKER, 24 novembre 1864.»

On remarquera cette date. Ces lignes ont été écrites trois mois avant sa mort; le saint prêtre avait-il quelque pressentiment de sa fin prochaine?

XXIV.

Il continue ses rapports avec le Père Lacordaire. — Une visite à Sorèze.

Madame Swetchine, cette noble femme, qui a été en rapport avec les hommes les plus illustres de son temps, disait du Père Lacordaire : «On ne le connaîtra bien que par ses lettres,» et M. de Montalembert ajoute : «ce jugement sera confirmé par tous ceux qui ont gardé le texte ou le souvenir de ses lettres.» L'abbé Rencker devait donc connaître le Père Lacordaire mieux que personne, ayant eu avec lui une correspondance très-suivie, dans laquelle le célèbre Dominicain révèle toute la tendresse de son cœur, toutes les ressources de son esprit et surtout la noblesse de ses sentiments. Il ne peut entrer dans le plan d'une simple biographie de mettre sous les yeux de nos lecteurs cet intéressant échange de pensées, qui sera peut-être publié un jour. En le parcourant nous avons acquis la conviction que nul maître ne possédait au même degré le secret de porter son disciple à aimer Notre-Seigneur, à enflammer son zèle pour la gloire de Dieu, et nul disciple ne profitait mieux que l'abbé Rencker des leçons d'un tel maître. — Depuis que le Père Lacordaire avait renoncé à la chaire de Notre-Dame, il dirigeait une école à Sorèze : il s'était dévoué à cette œuvre avec amour en même temps qu'il gouvernait la province dominicaine de France.

En septembre 1858, l'abbé Rencker se rendit à Paris, où le Père Lacordaire lui avait donné rendez-vous. Il fait part à sa mère de cette rencontre :

«J'ai rencontré le Père Lacordaire à Paris, le 16, comme il me l'avait annoncé ; car il est exact comme une horloge ; je lui ai fait une visite de plus d'une demi-heure. Mais à Paris on ne peut le voir à l'aise, car il est accablé de visiteurs.... Je lui ai trouvé une excellente physionomie, de la gaîté ; sa conversation, comme toujours, est pleine d'intérêt, surtout lorsqu'il s'anime en parlant. Je serais heureux de le voir chez lui, dans son bel établissement de Sorèze, plus calme sans doute qu'à Paris.»

Le religieux avait invité son jeune ami à venir le voir dans sa retraite à Sorèze. L'abbé Rencker s'y rendit en effet un peu plus tard, quand il était sûr de l'y rencontrer.

Le Père Lacordaire fut heureux de recevoir et de serrer dans ses bras *son cher Paul*; l'abbé Rencker, de son côté, répondit à ce tendre accueil en épanchant avec confiance son cœur dans le cœur de l'homme qui avait eu une si grande part à sa destinée.

De Sorèze il écrivit à sa mère sous la date du 1er octobre 1858 :

«Je suis magnifiquement logé et me vois entouré d'attentions délicates. ... Avant-hier, après-dînée, le Père Lacordaire était en verve et nous citait des vers de sa composition, improvisés en diverses circonstances. Quelquefois il raconte de petites histoires fort plaisantes et conserve toujours un grand fond de bonté. Il a l'esprit d'ordre au plus haut degré, et remarque la moindre chose qui n'est pas à sa place ; tout en causant avec moi dans sa chambre, il remarqua quelque petite chose à ma malle et m'en fit l'observation.»

L'abbé Rencker conserva de cette visite les plus doux souvenirs, et nous fit part, à son retour, de ses impressions. «Je connaissais le Père Lacordaire, nous disait-il, comme grand orateur, recueillant les applaudissements ; je le connaissais comme ami dévoué, donnant des conseils sûrs ; mais maintenant je l'ai vu comme père entouré de ses enfants qui l'aiment et lui obéissent; je l'ai vu comme religieux, observant la règle de saint Dominique dans toute sa rigueur, et mon estime et mon attachement ont grandi pour cet homme extraordinaire. J'ai été surtout frappé de son esprit d'ordre et de méthode. Cet esprit d'ordre et de minutieuse ponctualité se voit dans ses moindres habitudes; il se voit partout, dans sa cellule, dans sa bibliothèque, sur son bureau où à chaque petit objet est assignée invariablement sa place.» — Et le bon abbé, en louant ainsi les habitudes d'ordre du Père Lacordaire, traçait, sans s'en douter, son propre portrait. Mais ce qu'il avait admiré surtout dans le Père Lacordaire, c'était l'exact observateur de la règle.

«Le Père Lacordaire, nous disait-il, en acceptant de Dieu la mission de régénérer l'ordre de saint Dominique en France, a compris que cette œuvre n'était possible qu'à la condition de rétablir la règle du saint fondateur dans toute sa sévérité. Le pieux provincial s'y soumettait le premier, sans se permettre le moindre adoucissement, malgré la délicatesse de sa santé. J'ai été touché de tout ce que j'ai vu et entendu sous ce rapport à Sorèze.»

Ce que l'abbé Rencker nous apprenait de la vie pénitente du pieux religieux s'accorde exactement avec ce que dit l'auteur qui a écrit sa vie: «C'est une opinion très-répandue chez ceux qui ont suivi le Père Lacordaire de près, pendant sa vie monastique, que ses jours ont été abrégés par les macérations excessives où il s'est complu.»

Nous n'avons plus qu'un mot à dire sur ses rapports avec l'illustre frère-prêcheur. Il connaissait sa passion pour la liberté; il savait que le bon religieux n'avait pas été heureux chaque fois qu'il se trouva mêlé aux luttes politiques ou qu'il parut en public autrement que pour annoncer la parole de Dieu. Il conçut donc quelque inquiétude quand il sut que l'Académie française lui avait ouvert ses rangs et qu'il devait prononcer le discours d'usage. Il lui écrivit donc, et après l'avoir complimenté, il usa largement de son droit d'ami sincère pour dire à son cher maître ce qui l'inquiétait pour lui; il l'avertissait que ses paroles auraient un immense retentissement, qu'elles seraient interprétées en sens divers, que la position qui lui était faite était extrêmement délicate; mais qu'il prierait et ferait prier pour lui. — La suite a prouvé que les appréhensions de l'abbé Rencker n'étaient pas sans fondement; mais il excusait le Père Lacordaire. «Son défaut, disait-il, est de juger tous les hommes d'après son bon cœur.

Il rêve un idéal de démocratie universelle, qui serait la plus belle des choses, si jamais l'idéal pouvait devenir une réalité; mais pour cela, il faudrait que les hommes cessassent d'être des hommes et d'avoir des passions.»

XXV.

L'Œuvre des Clercs.

Un fait bien capable de contrister les cœurs catholiques, a été remarqué dans ces derniers temps; c'est une diminution sensible des vocations ecclésiastiques dans presque toute la France, mais surtout dans les diocèses rapprochés de Paris. Mgr l'évêque d'Orléans signalait ce malheur, il y a trois ans, à son clergé dans une lettre dont nous citerons le passage suivant :

«Il y a une peine, Messieurs, que je me sens pressé, en ce moment, de verser dans votre cœur. Depuis plusieurs années, je la dévore en silence, cette peine cruelle; mais il ne m'est pas possible de m'en taire plus longtemps. Ma peine, ma grande peine, la voici : nous manquons de prêtres, le nombre des ouvriers est dans une disproportion déplorable avec le travail de l'œuvre de Dieu, avec les besoins religieux des populations, *messis quidem multa, operarii autem pauci*. Oh ! sans doute, il n'est que trop vrai, le malheur que je déplore n'est pas spécial à mon diocèse, le mal s'étend plus loin! Et c'est dans toute la France qu'on remarque avec effroi, depuis quelques années, la rareté, de jour en jour croissante, des vocations ecclésiastiques.»

Un saint prélat, Mgr de Ségur, dans un article que le bulletin de l'*Association de saint François de Sales* a publié, déplore cette même triste situation et invite tous les catholiques à se concerter sur les moyens propres à y remédier.

Cet appel fut entendu et il se forma dans plusieurs diocèses des associations ayant pour but de favoriser les vocations ecclésiastiques. Le zèle de l'abbé Rencker ne pouvait rester étranger à ce pieux mouvement. Il conçut la pensée de fonder l'*Œuvre des Clercs*, telle qu'elle existe dans le diocèse de Chartres. Il se rendit dans cette ville, se mit en rapport avec M. l'abbé Bourlié, directeur de l'œuvre, et après s'être assuré de l'approbation de Monseigneur, il en jeta les premiers fondements dans le diocèse, et s'y dévoua avec une ardeur qui ne se démentit pas jusqu'à sa mort. Que de fois il nous en a parlé avec ce saint enthousiasme qu'inspire le zèle! Avec quels accents de joie il nous racontait les premiers succès obtenus! il était parvenu à y intéresser un certain nombre d'âmes généreuses : le petit grain de sénevé commençait à se développer et promettait une abondante récolte.

Nous devons à l'obligeance d'une dame pieuse la communication d'une lettre dans laquelle l'abbé Rencker lui rend compte de la situation de l'œuvre et lui expose le plan sur lequel il pensait l'établir.

Pour mieux faire connaître les pieuses intentions du saint prêtre, nous transcrivons cette lettre en entier :

« MADAME,

« Les *Annales du saint Sacrement* sont bien en retard ; je vous prie de m'excuser. Je tenais, avant de vous les expédier, à vous faire part d'une œuvre dont il est parlé dans ces mêmes Annales, je veux dire : l'*Œuvre des vocations ecclésiastiques.* Comme vous pourrez le voir par la lettre de Mgr de Ségur, que j'ai l'honneur de vous adresser, le nombre des prêtres va en diminuant d'une manière bien alarmante dans plusieurs diocèses.

« Notre belle Alsace, grâce à Dieu, n'en est pas encore là ; le fait est cependant, que le vide s'est fait sentir dans ces derniers temps ; de nombreux décès, des besoins plus multipliés, suscités par l'établisse-

ment de deux colléges libres et de plusieurs communautés religieuses, diverses autres causes, nécessitent un grand nombre de prêtres.

«D'une autre part, les jeunes élèves des petits séminaires n'entrent pas tous, à la fin de leurs études, au grand séminaire. Il résulte des renseignements que j'ai recueillis que, dans diverses localités, des jeunes gens qui sont animés d'un ardent désir de se consacrer au service des autels, sont arrêtés dans leurs aspirations, par l'impossibilité où se trouvent leurs familles de faire les frais de leur éducation cléricale. Ainsi se trouvent éloignés du séminaire des enfants qui offraient plus de marques et de garanties de vocation que bien d'autres plus favorisés des dons de la fortune. En présence d'un tel état de choses, et afin de prévenir le *malheur* véritable résultant du manque de sujets, que faire? *S'efforcer de procurer aux jeunes gens qui ont commencé leurs études sous les yeux de leurs curés, le moyen de les poursuivre au petit séminaire.* Quel bien ne ferait pas une œuvre *diocésaine* établie dans ce but! je dis *diocésaine,* parce qu'elle trouverait plus de sympathies, un concours plus efficace; d'ailleurs travailler en ce sens pour le diocèse, c'est travailler pour l'Église, puisque à tout moment des demandes de sujets sont faites à Monseigneur. On sait que Mgr l'évêque de Strasbourg en a fourni de tous côtés; nous en avons en Norwége, à Paris, pour desservir les églises allemandes; nous en avons à Rome, nous en avons un grand nombre dans les missions; il en est qui entrent dans les ordres religieux. Quelle bénédiction et quelle gloire pour le diocèse de Strasbourg! Voilà un bien qu'il s'agit de soutenir.

«Or l'œuvre, dont j'ai l'honneur de vous entretenir, fonctionne depuis dix-huit mois; commencée sur une petite échelle, elle attend un plus grand développement. J'ai pensé, Madame, que votre zèle nous viendrait en aide, pour faire connaître cette œuvre, en communiquant aux personnes capables de la comprendre et de l'apprécier, la brochure que j'ai l'honneur de vous adresser, en leur disant que c'est l'idée que l'on s'efforce de réaliser au milieu de nous, mais en constituant une œuvre séparée et toute diocésaine.

«Voici quel est actuellement l'état de l'œuvre commencée:

«1° Un élève du petit séminaire a reçu l'année dernière la demi-bourse, soit 200 fr. Ce jeune homme se distingue par sa piété, par la régularité exemplaire de sa conduite, par son travail, par ses succès : troisième en excellence à Pâques, il a été premier à la fin de l'année et a remporté des prix dans toutes les parties, presque tous les premiers prix. Il vient de sauter une classe et continue à très-bien faire ; ses parents ne l'auraient jamais mis au petit séminaire, malgré l'ardent désir du jeune homme de devenir prêtre, s'ils n'y avaient pas été poussés par de pressantes invitations, et déterminés par la promesse d'une assistance étrangère. 2o Un autre, actuellement au terme de ses études, jouit, grâce à la bourse entière qui lui a été faite, de l'avantage de l'internat. Ses supérieurs font de lui les plus grands éloges. 3o Un troisième a reçu quelque assistance au petit séminaire de Lachapelle. Talents, zèle, piété, recommandations de ses supérieurs, il réunit toutes les conditions. Voilà l'état actuel de l'œuvre, commencée il y a dix-huit mois.»

Nous faisons observer que ces pages ont été écrites au mois de mars 1864. Depuis cette époque l'œuvre a continué de marcher et de se développer. L'abbé Rencker continue ainsi :

«Ayant eu l'occasion d'en parler à Monseigneur, afin d'obtenir l'autorisation nécessaire et surtout sa bénédiction, Monseigneur me laissa à peine faire les premières ouvertures que, m'interrompant tout aussitôt: «Que le bon Dieu bénisse une pareille œuvre !» s'écria Sa Grandeur avec un accent pénétré et avec l'empressement le plus marqué. Monseigneur voulut bien me donner libre carrière; je me suis, depuis ce temps, entretenu de cette œuvre avec plusieurs ecclésiastiques, constitués en dignités: partout même accueil, même sympathie.

«Le concours des dames pieuses nous serait du plus grand secours et j'ai pensé, Madame, que vous consentiriez à prendre à cœur cette œuvre naissante si importante pour l'avenir du diocèse et pour le bien des âmes.

«Dès quelle aura un certain nombre d'adhérents, on s'occupera de la constituer canoniquement et de solliciter même les faveurs spirituelles du Saint-Siége.

«Dans quelques diocèses, comme à Chartres, cette œuvre existe; elle vient de s'établir à Lyon, sous le nom d'*Œuvre des douze Apôtres;* mais chez nous elle revêtirait un autre caractère. En Alsace, on ne pourrait, sans nuire à la considération dont le prêtre est entouré, intéresser *la masse* des fidèles à une œuvre ayant pour objet de soutenir les élèves du sanctuaire, par de petites cotisations très-minimes; cela pourrait nuire à nos petits séminaires. Notre projet est de former des dizaines de souscripteurs autant que possible à 20 fr., 10 fr., 5 fr., 2 fr. au moins, de sorte qu'un chef de dizaine formerait, par ses collectes, une bourse, une demi-bourse, un quart de bourse.

«Un conseil d'administration serait formé pour veiller au bon emploi des fonds, etc. Tous ces détails seront discutés et arrêtés dès qu'il y aura des éléments suffisants pour agir. On ne s'occupera d'abord que de trois ou cinq jeunes gens, sauf à en augmenter plus tard le nombre. Telle est l'idée qu'il s'agit de mettre en circulation, en insistant sur le fait de l'existence de l'œuvre depuis dix-huit mois, en attendant une plus grande extension. J'ai reçu déjà plusieurs adhésions, dont quelques-unes de 20 fr., une de 60 fr.; il y a même une personne qui donne au delà de cette somme.

«Veuillez, Madame, etc.

«L'abbé PAUL RENCKER.»

Nous ajoutons que depuis l'époque où cette lettre a été écrite, le nombre des adhésions s'est accru, et pour des sommes assez considérables.

Huit mois avant sa mort, il écrivait à un de ses amis : «Votre pensée d'entretenir MM. les curés de l'*Œuvre des Clercs* me paraît très-bonne ; peut-être pourrait-on en glisser quelques mots à la prochaine retraite des prêtres. Je vais, à la rentrée, frapper à quelques portes encore; — je répands à Strasbourg l'idée qui nous occupe, en attirant l'attention sur l'œuvre en général et en donnant à lire les articles de Mgr de Ségur. J'ai la pensée qu'il nous appartient de *semer* plus que de *récolter.*» Ces dernières paroles font presque supposer qu'il avait dès lors un pressentiment de sa mort prochaine; aurait-il fait à Dieu le sacrifice de sa vie pour le succès de l'œuvre qu'il aimait tant? Il termine sa lettre en déclarant que son pélerinage de Chartres, entrepris malgré le mauvais état de sa santé, a pour objet d'attirer sur cette œuvre les bénédictions de Dieu, par l'intercession de Marie.

Sa toute dernière lettre, dictée de son lit de souffrances huit jours avant sa mort, exprime un vœu: «Puisse cette année voir enfin s'organiser, d'une manière stable, l'œuvre qui nous tient tant à cœur! Il y a maintenant des éléments satisfaisants pour pouvoir les mettre sous les yeux de Monseigneur. Nous ferons un tableau des recettes et des dépenses avec l'emploi des fonds; nous publierons un petit imprimé court, substantiel, muni de l'approbation des supérieurs, et l'affaire marchera, je l'espère.

En tout cas, nous n'aurons rien précipité, mais cela vaut mieux; les résultats acquis sont plus éloquents que tous les discours. Vous ne sauriez croire combien je suis timide quand il s'agit d'émettre quelque chose dans le public ; mais il est nécessaire de le faire.»

Puisse le vœu que le saint prêtre a exprimé sur son lit de mort se réaliser, puisse cette œuvre, qui avait de si beaux commencements, ne pas être arrêtée par la mort de son pieux fondateur! Ce vœu est partagé par beaucoup de prêtres de ce diocèse. L'un d'eux nous écrit: «Oh! maintenant qu'il voit dans le Ciel les desseins de la miséricordieuse Providence par rapport à cette œuvre si importante pour la gloire de Dieu et le salut des âmes, qu'il veuille, par ses prières, obtenir à ceux qui doivent s'en occuper, les lumières et le zèle nécessaires pour l'établir d'une manière durable!»

Nous avons trouvé parmi les papiers du bon prêtre un grand nombre d'extraits de divers auteurs traitant des vocations ecclésiastiques. Ces notes devaient fournir la matière d'un opuscule qu'il avait l'intention de publier sur ce sujet.

Nous nous contenterons de citer les paroles d'un saint qui s'était beaucoup employé à donner de bons prêtres à l'Église de Jésus-Christ : «s'employer pour faire de bons prêtres, dit saint Vincent-de-Paul, et y concourir comme une cause seconde, instrumentale, c'est faire l'office de Jésus-Christ, qui, pendant sa vie mortelle, semble avoir pris à tâche de faire douze bons prêtres, ses apôtres, ayant voulu, pour cet effet, demeurer plusieurs années avec eux, afin de les instruire, et de les former à ce divin ministère.»

L'abbé Rencker trouvait qu'il n'y avait rien de plus méritoire que de favoriser les vocations ecclésiastiques. «C'est beau, disait-il, c'est méritoire de contribuer à élever au Seigneur des sanctuaires dignes de sa Majesté, de lui faire don d'un ciboire précieux, de beaux ornements; mais c'est une œuvre bien plus grande et plus féconde que de contribuer à former de saints ministres des autels qui sont des sanctuaires vivants et qui, en propageant les œuvres eucharistiques, sauveront à la fois des milliers d'âmes.»

Nous ne pouvons mieux terminer ce chapitre qu'en laissant la parole à M. l'abbé Bourlié, directeur de l'Œuvre des Clercs à Chartres.

«M. l'abbé Rencker a entretenu avec moi une correspondance très-active; mais, et c'est là ce que j'admire le plus, tout en me témoignant une confiance sans bornes, il m'a toujours caché ses talents, ses vertus, ses œuvres et même ses fonctions. Il m'écrivit d'abord pour avoir des renseignements sur l'œuvre des clercs. Je fus frappé de sa politesse exquise et je m'empressai de lui répondre. Ensuite il me demanda comme une faveur la permission de m'écrire; mais il mettait une si grande discrétion dans les questions qu'il m'adressait, que, malgré mon désir de connaître mon mystérieux correspondant, je résolus de respecter toujours le voile dont il aimait à se couvrir. Déjà chaque mois il avait pris l'habitude de m'envoyer son aumône et choisissait invariablement un jour de fête pour cet acte de charité. Il s'enhardit peu à peu, et il osa me témoigner le désir d'avoir un protégé spécial choisi parmi nos clercs; il fut convenu que le protégé profiterait de l'aumône et que le bienfaiteur profiterait des prières de l'enfant privilégié. Il fut très-surpris de ma facilité à exaucer sa prière; il l'envisageait comme une grâce dont il se croyait indigne et ne savait quel terme employer pour m'exprimer sa reconnaissance; j'en étais confus. C'est depuis ce temps que notre Élie, l'enfant privilégié, le regarda comme son père.

«Nous nous aimions trop pour ne pas éprouver le

désir de nous voir; M. l'abbé Rencker vint passer une semaine au milieu de nous. Sa gravité étonna d'abord nos têtes un peu légères; mais sa charité, son humilité, sa piété eurent bientôt ravi tous les cœurs. Quel est donc ce saint prêtre, me disait-on souvent? Je ne répondais qu'un mot: c'est notre bienfaiteur de Strasbourg. Toutefois je devinai sans peine ce que je soupçonnais auparavant: M. l'abbé Rencker n'était pas un prêtre ordinaire. Il assistait aux exercices religieux de la maison, et nos enfants se rappellent très-bien avec quelle modestie il priait le bon Dieu. Il prenait la récréation avec eux, et pendant l'étude, ils savaient qu'il passait de longues heures aux pieds de Notre-Dame de Chartres. Il ne sortait en ville que lorsque je l'engageais à le faire. Je le faisais accompagner par Élie; c'était son grand désir, mais il ne l'aurait pas demandé, pour ne pas le déranger dans ses études. Plusieurs de nos enfants lui ont rendu quelques petits services; il les remerciait avec une bonté qui les mettait hors d'eux-mêmes; il se rappelait leur nom et les nommait ses petits bienfaiteurs.

«Quel bonheur il éprouva en assistant à la consécration d'un clerc de Notre-Dame! c'était son Élie qui, au comble de la joie, venait se vouer à Marie et recevoir le titre auquel il aspirait depuis longtemps. Je lui donnai les noms de baptême de M. l'abbé Rencker. Cette cérémonie, déjà très-touchante par elle-même, avait ce jour-là un caractère tout particulier. L'abbé Rencker m'avait promis une allocution. Profondément ému de ce qu'il venait de voir et d'entendre, il compara nos clercs au jeune Samuel dans le temple. Mes petits enfants me disaient à la récréation suivante: M. Rencker est un saint, n'est-ce pas, Monsieur? Mes collègues exprimaient la même pensée en répétant avec moi: Ce n'est pas là un prêtre ordinaire.

«Il fallut se séparer! M. Rencker qui nous avait donné à tous de précieux souvenirs, ne voulait rien recevoir. Mais nous avions décidé en conseil que ce titre de clerc de Notre-Dame de Chartres qu'il enviait à nos élèves lui serait conféré à lui-même. Je lui remis donc son diplôme et il en fut si touché qu'il m'en parla depuis dans toutes ses lettres. Dès lors, il m'appela son père et ne manqua jamais de signer: *Clerc de Notre-Dame de Chartres*. Il n'aurait jamais consenti à me donner des conseils sur tout le reste; mais ce titre de clerc qui lui était si cher le fit déroger à sa réserve ordinaire, et il me communiqua quelques-unes de ses idées à ce sujet.

Sur mes instances, il se résigna à me donner un plan pour faire entrer les prêtres dans une vaste association de clercs de Notre-Dame de Chartres. Hélas! il n'est plus là pour m'aider à le réaliser.

«Nous avions pour lui une si grande vénération que nous ne prononçions son nom qu'avec respect. Nous nous étions promis de nous revoir..... Sa mort nous plongea dans le deuil. Nos petits clercs se reprochent encore de n'avoir pas assez prié, de n'avoir pas été assez sages pour mériter d'obtenir sa guérison. Mais comment Dieu pouvait-il le laisser sur la terre? M. l'abbé Rencker ne tenait plus à la terre. Peu de temps avant sa maladie, il m'envoya quelques petites fleurs apportées du pèlerinage de Jérusalem. «Je m'attacherais trop à ces «fleurs, m'écrivait-il, je les donne à Élie.»

XXVI.

L'abbé Rencker est nommé aumônier de l'École normale. — Un sermon prêché à l'église de Marie-Réparatrice.

Le poste d'aumônier à l'École normale était devenu vacant. Il fallait, pour en remplir les importantes fonctions, un prêtre instruit, pieux et zélé; l'abbé Rencker réunissait toutes ces qualités, il fut désigné. Son humilité s'alarma de ce choix; il se rendit néanmoins au désir de Mgr l'évêque, qui, pour ménager sa santé toujours bien délicate, lui donna un remplaçant comme chapelain au couvent de Notre-Dame. Habitué, comme il l'était, à tout considérer des yeux de la foi, il comprit toute l'importance de la mission qui lui était confiée et le bien qu'il était appelé à faire; car il s'agissait de former des hommes qui seraient chargés un jour de l'éducation des enfants. Il s'attacha de tout son cœur à ce nouveau poste. «J'aime tous les jours plus ce ministère, nous disait-il, parce qu'il me procure l'occasion de faire du bien.» Hélas! le bien qu'il méditait, il eut à peine le temps de le commencer.

Pour procéder avec ordre, il dressa un plan d'instructions, divisa les élèves en trois classes, selon leur âge et leurs forces. Toutes les instructions étaient préparées, les résumés corrigés avec soin. Nous ne dirons rien des autres occupations du saint ministère, des nombreuses confessions qu'il fallait entendre, des sermons de tous les dimanches. Plus d'une fois nous fûmes inquiet en le voyant ainsi dépenser ses forces, sans aucun ménagement pour sa faible santé, et nous lui conseillâmes de modérer son zèle; mais la pensée de la responsabilité qui lui incombait, l'emportait chaque fois sur toute autre considération. Ses relations avec les élèves ne se bornaient point aux heures de classe, ils trouvaient accès près de lui en tout temps. Ce dévouement lui mérita l'estime et l'affection des maîtres et des élèves de l'établissement, sentiments qui se manifestèrent surtout à l'occasion des obsèques du bon prêtre.

A côté de l'École normale, où il se rendait régulièrement plusieurs fois par semaine, se trouve la magnifique chapelle de Marie-Réparatrice. L'abbé Rencker, qui, comme nous l'avons vu, aimait singulièrement la beauté de la maison de Dieu, avait une prédilection pour cette église, qui se fait remarquer parmi les monuments de Strasbourg, par le caractère religieux de son architecture, par la richesse et la splendeur de ses décorations, par la magnificence de son autel et par l'éclatante propreté qu'on a soin d'y entretenir. Mais il aimait surtout ce sanctuaire parce qu'il est comme le centre des œuvres eucharistiques, que le saint Sacrement y est en très-grande vénération, exposé tous les jours, du matin au soir. Il s'était fait recevoir membre des deux associations de la Communion-Réparatrice et des Adorateurs du très-saint Sacrement, canoniquement érigées dans ce couvent. Il ne manquait jamais de faire sa demi-heure d'adoration chaque fois qu'il revenait de l'École normale. En le voyant prier devant le saint Sacrement exposé, on était frappé de son attitude respectueuse, de son profond recueillement. Son âme, qui ne tenait plus à la terre, paraissait toute perdue dans ses communications intimes avec Celui qu'elle aimait.

L'abbé Rencker avait rempli, pendant quelques années, les fonctions d'aumônier au couvent de Marie-Réparatrice, et pendant tout ce temps il édifiait la communauté par son zèle, par sa piété et surtout par sa tendre dévotion envers la sainte Eucharistie, qui était le sujet particulièrement aimé de presque toutes ses exhortations. Les religieuses se rappelleront longtemps un sermon qu'il prêcha devant l'assemblée des associés de la Communion-Réparatrice, le jour de la Nativité de Saint-Jean-Baptiste, en 1863.

Il prit pour texte les paroles que le saint précurseur dit à Jésus-Christ, quand Notre-Seigneur lui demanda le baptême : *Tu venis ad me!* (Matth. III, 14.) *Vous venez à moi!* Il trouva dans ces trois paroles les plus touchantes considérations sur l'amour du Dieu qui, dans le mystère de l'Eucharistie, s'abaisse jusqu'à la pauvre créature. «Ces paroles, dit-il, expriment, avant tout, un sentiment d'étonnement et de profonde humilité, sentiment qui doit pénétrer l'âme chaque fois que Dieu s'approche.»

L'orateur, pour faire comprendre les étonnants anéantissements du Fils de Dieu dans les mystères de l'Incarnation et de l'Eucharistie, anéantissements qui donnent la mesure de son amour : *sic dilexit,* mit en parallèle d'un côté la grandeur, la sainteté de ce Dieu qui vient à nous, et de l'autre, la faiblesse et la profonde misère de la créature. Nous analysons :

«I. *Vouz — venez — à moi. Vous,* le créateur... *à moi,* une faible créature... *Vous,* la sainteté... *à moi,* tout couvert de souillures... donc sentiment d'étonnement et de profonde humilité; mais aussi sentiment de confiance, car : Vous venez à moi, et c'est *votre amour* qui vous fait venir. *Vous*, mon Sauveur... l'Agneau qui effacez les péchés du monde... *à moi,* pauvre pécheur qui implore votre miséricorde... *Vous,* le médecin des âmes... *à moi,* malade et infirme... *Vous,* la lumière... *à moi,* pauvre aveugle, tout enveloppé de ténèbres... *Vous,* le bon pasteur... *à moi,* brebis qui m'étais égarée... *Vous,* la force... *à moi,* la faiblesse... *Vous,* la richesse... *à moi,* l'indigence...»

«II. *Vous venez,* et *comment* venez-vous? *Vous descendez* sur l'autel tous les jours, dans le saint sacrifice de la Messe, obéissant à la parole d'un prêtre... *Vous venez* dans le tabernacle pour être toujours avec nous et recevoir nos adorations... *Vous venez* à nous, c'est-à-dire, *en* nous par la communion... *Vous venez* chez les malades en viatique, pour les consoler, les fortifier... Vous sortez de vos tabernacles pour être exposé sur nos autels... et nous bénir... *Vous venez...* et nous éprouvons les bienfaits de votre présence au milieu de nous, comme les disciples d'Emmaüs, *nonne cor nostrum ardens erat? Vous venez* avec vos grâces... avec vos mérites... avec vos vertus...»

La péroraison de ce sermon fut un touchant appel au zèle reconnaissant des auditeurs que le prédicateur invita à aller à Jésus, puisque Jésus a voulu venir à nous, — à le consoler, par de fréquentes visites, de l'abandon où le laissent tant de chrétiens indifférents..., à réparer par de saintes communions, faites en esprit de réparation, les outrages que Notre-Seigneur reçoit dans le sacrement de son amour...

Nous n'avons donné ici qu'une rapide analyse de ce discours qui produisit une profonde impression sur l'auditoire; mais ce que notre plume ne saurait rendre, c'est l'accent de conviction avec lequel il fut prononcé.

XXVII.

Physionomie de l'abbé Rencker.

On a dit avec raison que les sentiments d'un homme se lisent dans les traits de son visage, dans son regard, dans ses gestes et son maintien. La physionomie de l'abbé Rencker était l'expression de la fermeté en même temps que de la douceur; dans ses traits se reflétaient à la fois la tendresse du cœur et l'énergie de la volonté. Le son de sa voix était grave ; mais quand il parlait, il se faisait autour de sa bouche un mouvement nerveux, comme un sourire, qui trahissait sa grande bonté. On ne pouvait regarder ce corps si frêle, cette figure maigre et pâle, ce front large où brillait la pensée, sans se dire : C'est bien là le prêtre mort au monde et à lui-même, le prêtre fait à l'image de Jésus-Christ. Il régnait dans tout son extérieur, dans tous ses mouvements, dans sa démarche, une décence, une modestie qui frappaient tous ceux qui le voyaient. Cette réserve cependant ne le privait pas de cette aimable aisance qui sied si bien au prêtre dans ses rapports avec le monde. Il aimait à plaisanter avec ses amis, sans jamais oublier ce qu'il devait à son caractère de prêtre et aux règles de la plus stricte politesse. Jamais rien de vulgaire ni dans son langage, ni dans ses allures. Il y avait dans son caractère de la timidité, nous dirions volontiers un excès de discrétion qui le portait à ne jamais se produire, à se tenir toujours à l'écart, et cette discrétion extrême fut peut-être cause qu'il n'a pas réalisé tout le bien qu'il aurait voulu faire.

A ne consulter que l'ardeur de ses désirs, il serait allé plus vite dans ses pieux projets; mais il craignait toujours de trop présumer de ses propres forces, et ce sentiment arrêta les élans de son zèle; il préférait que d'autres prissent l'initiative, afin de ne rester qu'au second rang. Certes, Dieu qui voyait le fond de son cœur, lui aura tenu compte du bien qu'il voulait faire, mais qu'il n'a pu réaliser, le temps et les moyens lui ayant manqué.

Nous achevons ce portrait en citant les paroles d'un jeune prêtre qui avait de fréquents rapports avec l'abbé Rencker : «Il conservait, tout le long du jour, comme un reflet de cette dignité qui l'accompagnait à l'autel le matin. Il restait pénétré de la présence du Dieu qu'il avait eu le bonheur de recevoir dans la sainte communion. De là cet air de noblesse et de distinction qui le suivait partout. J'ai connu peu d'hommes d'un extérieur plus édifiant : sa présence seule était une exhortation au bien.»

XXVIII.

Pensées diverses. — Saintes aspirations. — Règles de conduite.

Pour compléter cette notice, nous allons dévoiler aux yeux de nos lecteurs ce que cette vie si pure avait de plus intime. Ouvrons donc de nouveau les cartons où le saint prêtre a déposé les secrets de son âme destinés à n'être connus que de Dieu; parcourons une dernière fois les lettres écrites à sa mère. Sa piété avait des réserves même vis-à-vis de ses amis; elle n'en avait pas à l'égard d'une mère qui avait toute sa confiance. Il savait qu'en lui parlant de Dieu, il était parfaitement compris : son cœur tout entier est dans cette correspondance. Ces lettres, ces cartons renferment tant de choses édifiantes, des pensées si élevées, qu'on pourrait en faire un beau livre; il suffira, pour atteindre notre but, de donner quelques extraits pris au hasard.

«*Tout à Dieu.* Je donne mon cœur à Dieu sans réserve, le suppliant d'y verser une grande abondance de grâces; je veux renoncer à toutes les affections terrestres : *quæ sursum sunt quærite, quæ sursum sunt sapite, non quæ super terram* (Col. III). Loin de moi toutes les vaines préoccupations : je veux éviter toutes les occasions de m'entretenir des affaires politiques, des agitations du monde, et me créer une solitude intérieure où je me retirerai avec Jésus, pour y converser familièrement avec lui.»

«*Désir de s'affranchir des sens.* Quand pourrai-je, m'oubliant moi-même, me séparer des créatures et, m'affranchissant de l'empire des sens, m'élever au-dessus de cette poussière terrestre où je me traîne comme malgré moi : *quis mihi dat pennas sicut columbæ et volabo et requiescam!* Que les exigences grossières des sens m'attristent! Je trouve dans ces besoins multipliés de la nature et dans ma pente naturelle à les contenter un puissant motif de m'humilier. Les penchants du corps ne reçoivent une complète satisfaction qu'au détriment de l'âme; quand l'un ne manque de rien, l'autre s'amollit, languit et finit par servir en esclave. — Quand je considère ceux que Dieu a appelés à lui, après une vie sainte et mortifiée, une vie cachée et laborieuse, une vie de dévouement et d'abnégation, je me prends à envier leur sort et je me dis qu'après tout ceux-là seuls étaient sages qui ne considéraient que l'unique fin, la fin dernière; qui ont vécu comme des étrangers sur la terre, détachés d'eux-mêmes et des créatures, poursuivant les seuls biens véritables, *non contemplantibus nobis quæ videntur, sed quæ non videntur, quæ enim videntur temporalia sunt, quæ non videntur, æterna* (2 Cor. IV, 18). Puissé-je, ô mon Dieu, toujours me pénétrer de cette grave pensée, et la faire passer de mon esprit dans mon cœur, et de mon cœur dans mes actes!»

«*Recueillement intérieur. In silentio et quiete proficit anima devota.* J'ai pu me convaincre par expérience de la vérité de cette maxime. Le monde au milieu duquel je suis obligé de vivre me dispute sans cesse cette union avec Dieu. — Je prends devant Dieu la résolution de me tenir toujours dans un grand silence intérieur; je ferai de fréquentes élévations à Dieu et m'appliquerai à l'exercice de la présence de Dieu. Pour cela, j'aurai toujours, outre le bouquet spirituel de l'oraison, quelques pensées tirées des Saintes-Écritures. Comme ma vie doit se passer surtout dans le souvenir de l'infinie bonté que Notre-Seigneur nous témoigne dans la sainte Eucharistie, mes oraisons jaculatoires porteront principalement sur ce sujet.»

«*Mortification.* Quand je me sentirai tenté de me négliger dans l'accomplissement d'un devoir, je m'y mettrai avec d'autant plus de zèle et d'ardeur, afin de combattre immédiatement cette tendance; je penserai aux travaux de Notre-Seigneur, aux fatigues des saints, à celles de saint Paul en particulier. Je me rappellerai ce qu'il dit de la mortification : *Semper mortificationem Jesu in corpore nostro circumferentes* (2 Cor. IV, 10). Mortification de l'esprit..... du cœur..... de la volonté..... des sens..... Je me priverai tous les jours à dîner d'une partie du dessert et du tout le vendredi, n'en prenant que pour sauver les apparences; il me sera facile de faire toutes sortes d'autres petites mortifications, comme de me priver du sel, par exemple, le mercredi et le jeudi, pour ne rien laisser d'indéterminé, et d'offrir à Dieu les mortifications qui me viendront sans que je les ai recherchées. — Je n'oublierai pas le billet d'étrennes.»

«*Perfection du prêtre.* La perfection du prêtre doit être une perfection quasi-apostolique. Il est maître, professeur de vertus. Pour bien enseigner, il faut avoir pratiqué. Comme un ouvrier présente un ouvrage *fini,* pour passer maître, ainsi le prêtre doit présenter un modèle de vertus. Quelle n'est pas la puissance des moyens dont il dispose dans le saint sacrifice de la Messe! Ses prières sont les prières de Jésus-Christ, qui est toujours exaucé à cause de sa dignité, *semper exauditur pro reverentia sua*. Ce sont nos imperfections, nos infidélités qui mettent obstacle à l'efficacité de la grâce. Établissons-nous donc dans la perfection et profitons mieux de nos communions fréquentes, et Jésus-Christ opérera des merveilles en nous et par nous.»

«*In omnibus respice finem*. C'est Dieu qui est la fin de toutes choses. Ne pas tendre vers Dieu dans ses pensées et dans ses actions, c'est s'arrêter en chemin, c'est laisser son ouvrage inachevé, c'est en perdre le mérite, c'est se fatiguer en vain. Je veux surtout bien graver dans mon esprit ces paroles de l'apôtre saint Paul : *Videte vocationem vestram* (1 Cor. I, 26). Cette vocation, c'est de devenir un saint prêtre, d'acquérir les vertus et la science, qui sont indispensables pour se sanctifier soi-même et pour procurer la sanctification des autres.»

«*Aimer Jésus-Christ par dessus toutes choses*. J'aimerais à m'échapper quelquefois de ma demeure pour aller me jeter aux pieds de Jésus-Christ. Ah! c'est vous, Seigneur, qui êtes mon trésor, ma joie, ma félicité, mon espérance, ma consolation, ma force, mon soutien, l'aliment de mon cœur, le bien-aimé de mon âme. *Omnis amans Dilecto suo amatori optimum et pulcherrimum præparat locum, quia in hoc cognoscitur effectus suscipientis dilectum.*»

«*Humilité et confiance.* Quand je viens à considérer l'abondance de vos dons, ô mon Dieu, et vos miséricordes envers moi, j'en suis comme accablé. Le sentiment de ma faiblesse, de mon impuissance me confond, me trouble, *quare tristis es anima mea et quare conturbas me?* Cependant je ne perds pas confiance, *spera in Deo,* oui, ô mon Dieu, j'espère en vous; je le sais, vous vous plaisez à choisir les instruments les plus méprisables et les plus vils pour en tirer votre gloire, *infirma hujus mundi elegit Deus ut confundat fortia* (1 Cor. I, 27).»

«*Désir du Ciel.* O douceurs ineffables! ô séjour bienheureux! ô splendeur des saints! qui pourrait, après vous avoir contemplés des yeux de la foi, arrêter ses regards sur la terre! *Quam sordet mihi terra, dum cœlum aspicio!* (Saint Ignace.) Que sont les peines d'ici-bas, comparées à la récompense si grande qui nous est réservée si nous sommes fidèles! *Quod in præsenti est momentaneum et leve tribulationis nostræ, supra modum in sublimitate æternum gloriæ pondus operatur in nobis* (2 Cor. IV, 17). Cette pensée me soutiendra, me consolera, m'encouragera dans mes peines et mes difficultés. Animez-moi, Seigneur, d'un désir efficace de la bienheureuse éternité, que toutes mes actions se ressentent de cette espérance, qu'elles en deviennent plus pures et qu'il n'y ait plus rien en moi qui ne tende vers vous, ô mon Dieu, l'unique objet digne d'être aimé. Amen.»

«*Considération de la mort et du jugement.* Après la considération de la mort, celle du jugement doit déterminer le cours de ma vie : jugement juste, irrévocable et sans appel, *ego sum Dominus et non mutor, justus es, Domine, et rectum est judicium tuum.* Éclairé des lumières de la foi, je veux faire mes actions principales dans les dispositions où je voudrais être, si je devais, immédiatement après, en rendre compte au souverain juge. Vivre de la foi, *justus ex fide vivit,* ne pas craindre de me faire violence.»

«*La méditation.* La méditation est la vie du prêtre; elle enflamme son zèle, *in meditatione mea exardescit ignis* (Ps. XXXVIII).»

«*Le bréviaire.* Le prêtre est médiateur; comment le sera-t-il, si les paroles du saint office sont froides et décolorées sur ses lèvres? La prière vient du cœur. Pas de prière, si l'esprit et le cœur ne sont unis à Dieu. — Avant de commencer le bréviaire, le saint office *(officium)*, se mettre en la présence de Dieu. Que vais-je faire? à qui vais-je parler? au nom de qui? — Au nom de l'Église; comme médiateur, à Dieu lui-même; les âmes attendent l'effet de ma prière. — Se pénétrer de la pensée du mystère du jour: ce moyen réussit ordinairement, comme aussi de dire le bréviaire comme préparation et actions de grâces pour la sainte Messe.

«*Abandon à la divine Providence.* Pour ce qui concerne l'option à faire entre les diverses positions qui pourraient m'être offertes, je serais fort embarrassé de choisir, en supposant même que je voulusse le faire. Il y aura partout du bien à réaliser; j'attendrai donc que mes supérieurs ecclésiastiques, qui savent le mieux quel emploi me convient, m'appellent. Ce parti me laissera une tranquillité d'esprit que je n'aurais pas autrement.» (Lettre à sa mère.)

«*Charité, désintéressement.* J'accueillerai toujours avec une grande bonté ceux qui me demanderont une aumône pour quelque bonne œuvre, me faisant un véritable plaisir de seconder leur zèle et d'encourager les efforts de leur charité, sachant par expérience qu'il y a ordinairement plus de mérite à demander pour autrui qu'à donner soi-même ; — si je ne puis donner que peu, je donnerai ce peu, me faisant une loi de ne jamais refuser.»

«*Comment la foi juge les dignités ecclésiastiques.* C'est M. Carrière qui a été nommé supérieur général de la Compagnie de Saint-Sulpice. Le jour de sa nomination, il présida à la lecture spirituelle en étouffant de sanglots : il sentait en ce moment tout le poids du fardeau que la Providence venait de lui imposer. C'était un spectacle bien touchant : on ne pouvait s'empêcher de comparer les dispositions différentes avec lesquelles les dignités sont reçues dans le monde et dans l'Église. Ah ! que la foi nous fait envisager les choses d'un autre œil ! Prions que cette foi divine croisse en nous tous les jours, avec la sainte charité de Notre-Seigneur.» (Lettre à sa mère.)

«*Bonheur du chrétien qui possède la foi.* Que je plains ceux qui, vivant au milieu du monde, n'ont jamais l'esprit attentif aux douces insinuations du Saint-Esprit ! Pour nous, qui avons le bonheur de conserver la foi et qui ne désirons rien tant que d'en suivre les divins enseignements, à mesure que nous pénétrons plus avant dans le chemin de la vérité, nous voyons se manifester à nos regards des clartés de plus en plus vives. Les joies du chrétien sont mêlées d'amertumes, sans doute; mais ces amertumes viennent du fond de la corruption qui règne en nous. Du reste, où serait le mérite si tout était joie et consolation? Néanmoins, il est vrai de dire que plus nous attirons en nous l'amour de Notre-Seigneur, plus l'âme s'établit dans le calme et dans une paix supérieure à tous les éléments, à toutes les peines de la vie; la surface seule est agitée, au fond règne une paix inaltérable.» (Lettre à sa mère.)

«*Faire le bien en vue de Dieu.* Oh! si nous faisions toujours le bien en vue de Dieu, que de bénédictions n'attirerions-nous pas sur nous, que de mérites nous nous amasserions! mais, par malheur, il arrive trop souvent qu'on perd tout le fruit spirituel des bonnes œuvres, puisqu'on les entreprend dans des vues humaines. La pureté d'intention est une chose si délicate, qu'il suffit du moindre souffle de vanité pour ternir et enlever à nos œuvres tout leur mérite. C'est pour acquérir cette pureté d'intention que doivent tendre tous nos efforts; elle est surtout indispensable à un prêtre.» (Lettre à sa mère.)

«*Moyen de conserver la paix au milieu des épreuves*

de chaque jour. Dès le matin, avant de nous livrer à nos occupations, prévoyons les diverses circonstances de la journée où nous pourrions être exposés à perdre la tranquillité de l'âme, et portons là-dessus nos résolutions. C'est un conseil que donnent tous les auteurs spirituels, on trouve ainsi une grande force au moment de l'épreuve. Il est plus facile, en un sens, de soutenir les grandes luttes que les petites, celles dont toute la vie est pleine. La raison est qu'il faut un courage soutenu et de tous les instants, pour accepter avec soumission et supporter les petites épreuves et difficultés de tous les jours, de tous les instants. C'est ce qui a fait dire à un grand saint que la vie commune du chrétien est un véritable martyre.» (Lettre à sa mère.)

«*Bonheur que l'âme goûte dans la sainte communion*. Quand nous avons le bonheur de recevoir Jésus-Christ dans notre cœur, confions-lui toutes nos peines. Quand nous allons visiter Notre-Seigneur, résidant pour nous dans nos tabernacles et y offrant jour et nuit ses prières à son Père, déposons à ses pieds notre fardeau. N'a-t-il pas dit: «Venez à moi, ô vous tous qui souffrez et qui êtes accablés, et je vous soulagerai?» Ne quittons jamais les saints autels, sans y laisser notre cœur; à tout instant dans la journée il nous est possible de nous y transporter en esprit et de nous unir ainsi à Notre-Seigneur. D'ailleurs, notre cœur lui-même n'est-il pas un autel? Les sacrifices que nous y offrons sont tous intérieurs, il est vrai; mais ils n'en sont pas moins agréables à Dieu.» (Lettre à sa mère.)

«*La sainte communion, notre force.* Tant qu'on est au séminaire, qu'on a sous les yeux de salutaires exemples, et qu'on est soutenu par une règle commune, la pratique de la vertu n'a rien de difficile, car on n'a qu'à s'occuper de sa propre sanctification; mais, une fois lancé au milieu des préoccupations du saint ministère, que d'obstacles, que de difficultés! Ah! si le prêtre n'avait pas le secours si puissant qu'il trouve dans la célébration quotidienne des saints mystères, comment se soutiendrait-il au milieu de tant de périls et d'épreuves? Qu'on demande aux missionnaires, aux sœurs de charité, ce qui les soutient dans leurs pénibles travaux, dans leurs privations et leurs épreuves, ce qui leur donne cet esprit de sacrifice qui les porte jusqu'à s'immoler pour leurs semblables; ils répondent que c'est la sainte communion. C'est là, en effet, le pain des forts qui nous aide à supporter les fatigues du voyage à travers la vie..... Mais je m'aperçois, ma chère maman, que mes lettres tournent tant soit peu en sermons : — je sais que ces choses restent entre nous. En parlant comme je fais, je m'exhorte moi-même au bien : c'est une chose avantageuse et recommandée par l'apôtre de s'animer ainsi mutuellement au service de Dieu. Au reste, si je n'entrais pas dans ce domaine, mes lettres seraient peu intéressantes, n'ayant aucune nouvelle à communiquer.» (Lettre à sa mère.)

XXIX.

Dernière maladie. — Mort édifiante.

La santé du cher abbé paraissait se raffermir depuis quelque temps, malgré les fatigues que lui imposait sa nouvelle charge. Rien n'annonçait une mort prochaine, lorsque, le 30 janvier, après avoir dit la sainte messe à la chapelle du couvent de Notre-Dame, il sentit les premières atteintes de la cruelle maladie qui devait l'emporter : c'étaient des douleurs très-vives dans les intestins. Personne ne soupçonnait d'abord la gravité du mal. Quinze jours se passèrent sans qu'on remarquât un changement notable; cependant le malade s'affaiblissait; des crises, accompagnées d'atroces souffrances, se déclarèrent. Le bon prêtre fut admirable de patience et de résignation; on le voyait porter fréquemment son regard sur le crucifix suspendu à côté de son lit. C'est dans la pensée des souffrances du divin Crucifié qu'il puisait sa force et sa consolation. Le 3 février il apprit la mort de l'abbé Mühe. Cette nouvelle l'affecta beaucoup; car M. Mühe avait été son guide, son ami. L'abbé Rencker lui avait voué une vénération et une confiance sans bornes; il lui avait succédé dans ses œuvres. Mais si cette perte l'affligea profondément, il fut consolé en apprenant l'hommage public que toute la population de Strasbourg rendit à la mémoire du saint abbé. «Quel est donc, disait-il, le prestige de la sainteté, pour provoquer une pareille manifestation! On ne ferait pas pour le plus puissant roi de la terre ce que l'on a fait pour ce prêtre qui a voulu vivre pauvre et ignoré du monde. Si Dieu glorifie ainsi les saints sur la terre, quelle sera donc la gloire qu'il leur réserve au Ciel!» Hélas! en parlant ainsi, le malade ne savait pas que, dans quelques jours, il irait rejoindre son ami dans cette même gloire réservée aux saints!

Une pensée le préoccupait beaucoup, savoir que, par sa maladie, les instructions se trouvaient interrompues à l'École normale. «Si Dieu me rend la santé, disait-il, je redoublerai de zèle pour réparer les pertes; en attendant je dois me résigner à sa sainte volonté.»

Jusqu'au dernier moment de sa vie, il s'occupait

de ses œuvres, en donnant des recommandations à ses amis et faisant écrire à ceux qui étaient absents, pour stimuler leur zèle.

Un jeune prêtre, M. l'abbé N., qu'il affectionnait beaucoup, étant venu le voir et le trouvant très-souffrant, proposa de lui faire une lecture. «Bien volontiers,» dit-il, et désignant un livre, l'*Apostolat de la prière,* il lui indiqua le chapitre qu'il désirait entendre. Un passage l'ayant particulièrement frappé, il arrête le lecteur et lui adresse ces paroles pleines de vérité : «La lutte du mal contre le bien est si acharnée de nos jours, qu'il ne faut négliger aucun détail pour défendre la bonne cause. Admettons que nous ne puissions opposer qu'une pelletée de terre à ce torrent qui menace de tout envahir..... qui sait? peut-être ceux qui suivront achèveront notre œuvre, une digue s'élèvera et arrêtera les flots qui nous menacent.» Il y a une haute sagesse dans ces paroles. Nous n'entreprenons pas volontiers une œuvre, si nous ne prévoyons un succès immédiat. Nous voudrions récolter avant d'avoir semé. Nous négligeons les petites choses, parce que souvent notre amour-propre n'y trouve pas son compte. L'abbé Rencker était ce serviteur de Dieu dont parle Notre-Seigneur, ce serviteur fidèle dans les petites choses, *super pauca fidelis.* Aussi sommes-nous bien convaincu que le Seigneur l'aura fait entrer dans sa joie, *intra in gaudium Domini.* L'humble prêtre apportait sa pelletée à toutes les bonnes œuvres; mais il la répétait souvent, et Dieu, qui voyait son intention si pure, ne manquait pas de donner sa bénédiction.

Le 17 février, la maladie entra dans une nouvelle phase; des symptômes alarmants se manifestèrent. Une consultation de plusieurs médecins eut lieu, des remèdes énergiques furent employés; mais tout fut inutile.

Le malade comprit que sa fin approchait; il s'y prépara de la manière la plus édifiante. Peu de jours avant sa mort, nous lui demandâmes s'il était bien résigné à la volonté de Dieu : «Oh oui! dit-il, j'ai fait à Dieu le sacrifice de tout, je suis heureux de quitter cette terre.» Puis il ajouta ces belles paroles de saint Martin : «Si cependant Dieu trouve que je puis encore faire quelque chose pour sa gloire, je ne refuse pas le travail», *non recuso laborem, fiat voluntas tua!* — Quelqu'un s'étant informé de l'état de sa santé : «Je suis entre les mains de plusieurs médecins, répondit-il, je leur abandonne ce corps chétif; ils en feront ce qu'ils pourront.

Quant à mon âme, je l'ai remise entre les mains du bon Dieu ; je suis content, quoi qu'il arrive.» Ayant fait approcher de son lit un de ses amis, il lui fit part d'un écrit où il avait exprimé ses dernières intentions ; il voulut que de larges aumônes fussent faites aux pauvres et à différentes maisons de charité de cette ville. Il légua ses livres à M. le supérieur du grand séminaire, pour être, par lui, distribués aux séminaristes et aux prêtres pauvres. Il possédait un beau calice et quelques ornements ; il en disposa en faveur des églises pauvres ; il voulut que sa montre d'or fût vendue et que le prix en fût donné aux indigents.

Il reçut plusieurs fois, pendant sa maladie, la sainte communion, et le jour où il avait ce bonheur et, déjà la veille, il ne voulait recevoir aucune visite, pour être plus uni à son Dieu. Nous avons parlé de sa tendre dévotion envers la sainte Eucharistie : le Seigneur l'en récompensa, dans ses derniers moments, par des grâces extraordinaires dont son humilité lui défendit de parler ; mais un jour, après avoir communié, il ne put contenir plus longtemps la joie qui débordait de son cœur, et nous regardant avec un céleste sourire : «Je souffre, dit-il ; mais Notre-Seigneur est si bon chaque fois qu'il vient me visiter; je ne sais comment le remercier des faveurs qu'il me fait.» Il reçut les derniers sacrements avec cette foi vive qui dominait toutes ses actions. Quand le prêtre s'approcha pour lui donner le saint Viatique, il fit un grand effort pour se soulever, joignit pieusement les mains, et, élevant la voix avec force, il demanda pardon à toutes les personnes présentes, les priant de demander pardon, en son nom, à toutes celles qu'il aurait pu offenser ou contrister dans sa vie.

Son âme, ordinairement si tourmentée, était dans une paix profonde en présence de la mort. Pendant qu'il se portait bien, il lui arriva souvent de trouver son confesseur jusqu'à deux fois dans une matinée avant de monter à l'autel; mais dès qu'il eut reçu l'Extrême-Onction et le saint Viatique, son âme jouit d'un calme extraordinaire, d'une confiance sans bornes. Son directeur de conscience lui ayant demandé s'il désirait recevoir une dernière absolution: «Non, mon père, fut sa réponse, je suis dans la paix.»

Dieu lui fit la grâce de conserver sa connaissance pleine et entière jusqu'à la dernière heure : s'étant laissé aller au sommeil, il se le reprocha et dit au prêtre qui le veillait: «Pardon, mon ami, de ce moment de faiblesse, il ne faut pas que la mort me surprenne pendant le sommeil; je veux l'attendre de pied ferme et en veillant; n'est-elle pas la peine due au péché? Je l'accepterai en union avec la mort de mon Sauveur et en expiation de mes fautes.» Cette parole exprime toute l'énergie que le saint prêtre trouvait dans sa foi; ce fut la dernière; car bientôt après il entra en agonie. Elle fut paisible; il y eut même un moment où son visage prit une expression de joie qui frappa tous les assistants. C'était comme un reflet de la gloire immortelle que son âme entrevoyait plus clairement à mesure qu'elle se dégageait des liens du corps.

On a bien raison de dire que la mort est l'écho de la vie. La vie de l'abbé Rencker a été celle d'un saint, sa mort a répondu à sa vie.

Dès que la nouvelle s'en était répandue à Strasbourg, il y eut une véritable consternation parmi le clergé et les fidèles. Cette perte était sentie plus vivement peut-être que celle du saint abbé Mühe, en ce sens que ce dernier avait fourni une longue carrière, qu'il était brisé par l'âge et les infirmités et que l'on s'attendait à le voir bientôt quitter cette terre; l'abbé Rencker, au contraire, se trouvait dans la force de l'âge, pour ainsi dire, au début de son apostolat, et promettant encore de longs services.

L'Église perdit en lui un fils obéissant et dévoué, le diocèse un de ses prêtres les plus pieux et les plus instruits, la jeunesse un guide sûr; mais c'est surtout dans le cœur de ses nombreux amis que l'abbé Rencker laisse un vide douloureux. On vit à ses obsèques un concours extraordinaire de personnes appartenant à toutes les classes de la société. L'École normale tout entière, professeurs et élèves s'y trouvèrent. Les deux séminaires, les communautés religieuses, les établissements de charité étaient représentés. Les anciens élèves de Saint-Arbogast, qui purent être avertis à temps, étaient accourus pour donner au saint prêtre une dernière preuve de leur affectueuse reconnaissance. En voyant cet important cortége, nous nous sommes rappelé la parole que le cher abbé disait quand, peu de temps avant sa mort, il apprit les honneurs rendus à l'abbé Mühe : «Quel est donc le prestige de la sainteté pour provoquer une telle manisfestation?»

Ici se termine notre tâche. Nous n'ajoutons plus qu'un mot.

Le lecteur, en parcourant ce livre, aura remarqué

les nombreuses citations dont il se compose. Pour faire connaître l'abbé Rencker, nous avons voulu le laisser parler lui-même; nous avons eu recours aux témoignages des personnes avec lesquelles il a été souvent en rapport. Nous n'avons dit que ce qui nous a été rapporté par des témoins très-sûrs. Avons-nous réussi à faire un portrait exact? Nous n'osons l'affirmer; car il y a dans la vie des saints des secrets qui ne sont connus que de Dieu, que leur humilité a toujours su cacher aux yeux des hommes. Nous ne les connaîtrons qu'au grand jour des révélations.

En attendant ce jour, votre mémoire, cher ami, vivra impérissable au milieu de nous. Quoique vous ne soyez plus de ce monde, quoique nous n'entendions plus votre voix, vous continuez à nous parler, à nous instruire, à nous édifier par le souvenir de vos vertus, *defunctus adhuc loquitur*. Vous avez voulu vivre ignoré sur cette terre. Dans votre humilité, jamais la pensée ne vous serait venue qu'après votre mort quelqu'un entreprendrait d'écrire votre vie. — Nous avons dû le faire pour répondre aux instances réitérées de vos amis qui voulaient avoir un souvenir permanent de vos exemples ; nous l'avons fait pour l'édification du clergé et des fidèles, afin que, voyant vos œuvres, ils glorifient Dieu, *sic luceat lux vestra coram hominibus ut videant opera vestra bona, et glorificent Patrem qui in cœlis est*, (Matth. V, 16); nous l'avons fait enfin, pour répondre à un besoin de notre propre cœur. Pendant que nous écrivions, vous étiez vivant sous nos yeux; il nous semblait contempler encore cette douce physionomie où se réflétait votre sainte âme; il nous semblait vous entendre encore et avoir avec vous, comme autrefois, un de ces entretiens où nos cœurs s'épanchaient l'un dans l'autre. Ce souvenir était pour nous comme un doux parfum qui descendait du ciel et nous consolait de la douleur de notre séparation. En nous rappelant une dernière fois vos vertus, vos combats, vos œuvres, nous nous sentions porté à vous imiter. Puissions-nous marcher sur vos traces, pour mériter de vous suivre un jour dans la glorieuse immortalité!

FIN.

TABLE DES MATIÈRES.

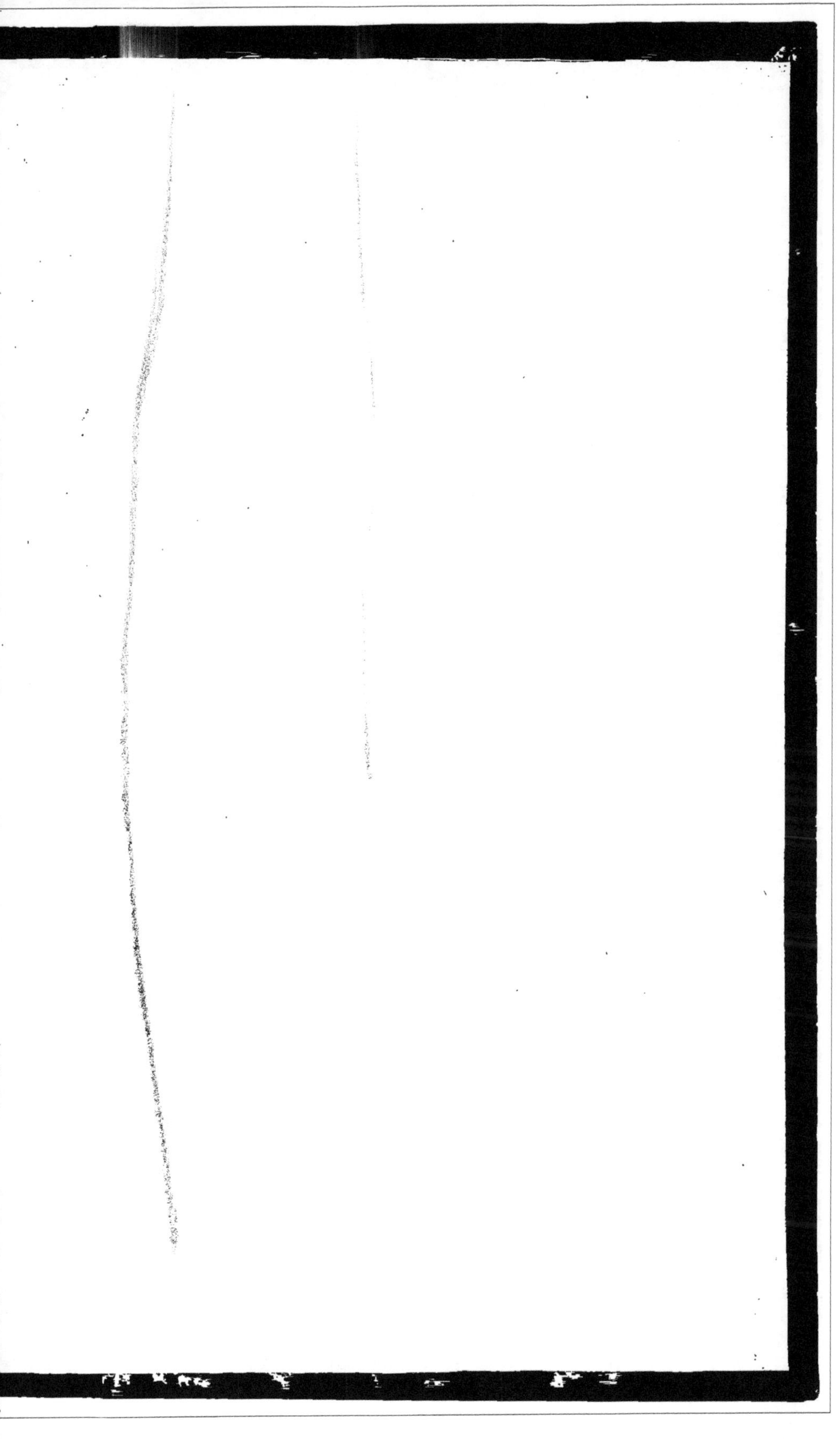

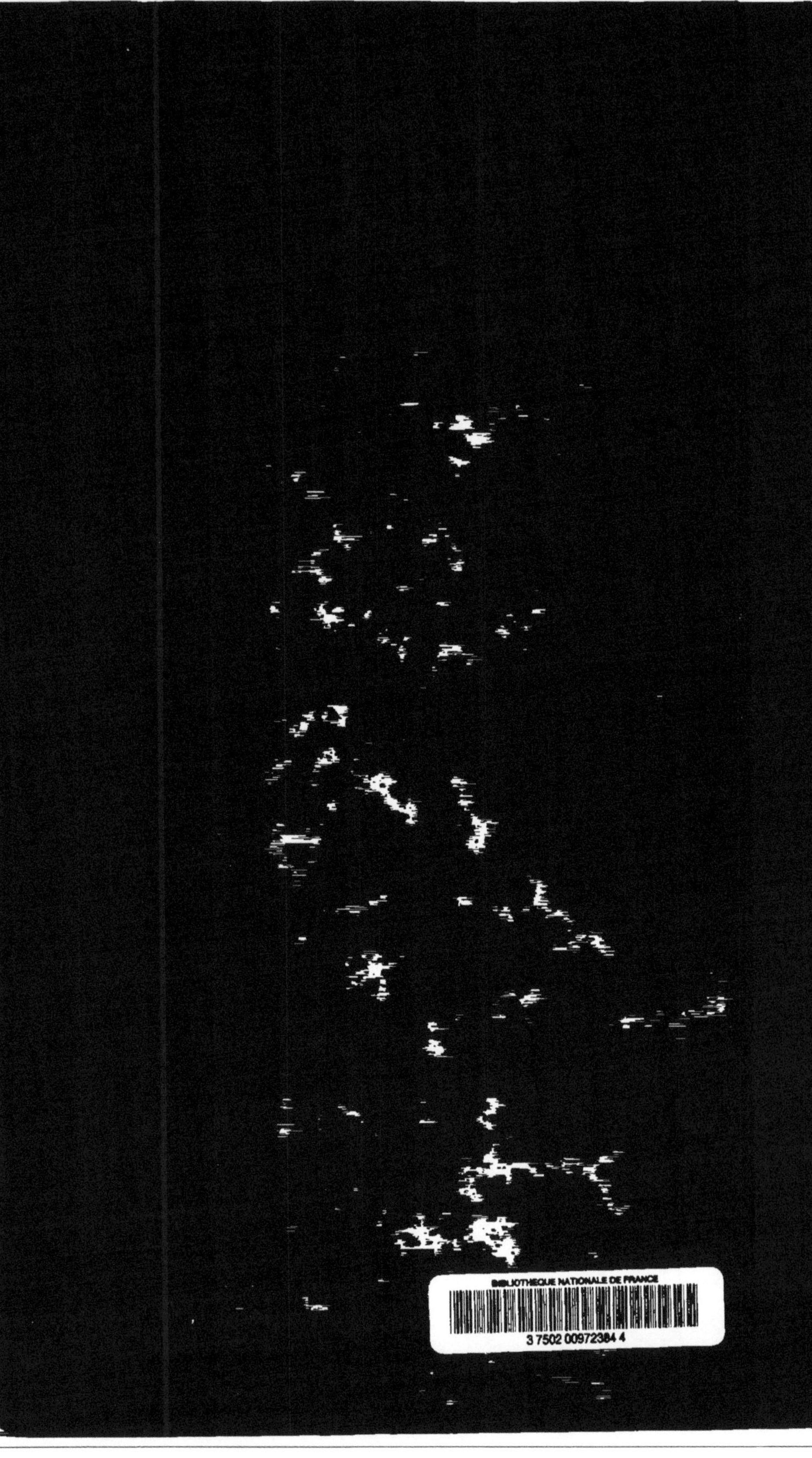
BIBLIOTHEQUE NATIONALE DE FRANCE
3 7502 00972384 4

www.ingramcontent.com/pod-product-compliance
Ingram Content Group UK Ltd.
Pitfield, Milton Keynes, MK11 3LW, UK
UKHW020210250726
13967UKWH00003B/1387